THE KID'S BOOK OF THE ELEMENTS
초등학생이 꼭 알아야 할

세상의 모든 원소 118

THE KID'S BOOK OF THE ELEMENTS:
An Awesome Introduction to Every Known Atom in the Universe by Theodore Gray
Copyright ⓒ 2020 by Theodore Gray
Cover design by Katie Benezra
Cover copyright ⓒ 2020 by Hachette Book Group, Inc.
Korean translation copyright ⓒ 2021 by Darun Media
This edition published by arrangement with Black Dog & Leventhal, an imprint of Perseus Books, LLC,
a subsidiary of Hachette Book Group, Inc., New York, New York, USA through AMO Agency.
이 책의 한국어판 저작권은 AMO에이전시를 통해 저작권자와 독점 계약한 (주)다른미디어에 있습니다.
저작권법에 의해 한국 내에서 보호를 받는 저작물이므로 무단 전재와 무단 복제를 금합니다.

[일러두기]
- 원소 이름은 대한화학회의 주기율표 표기를 따랐습니다.
  그 밖의 과학 용어는 표준국어대사전과 초등 과학교과서를 기준으로 국내 독자들에게 익숙한 명칭을 썼습니다.
- 외래어 및 인명·지명 표기는 국립국어원의 외래어 표기 원칙을 따랐습니다.

시어도어 그레이 지음 | 닉 만 사진 | 하정임 옮김

THE KID'S BOOK OF THE ELEMENTS
초등학생이 꼭 알아야 할

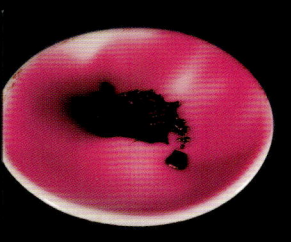

세상의 모든 원소 118

  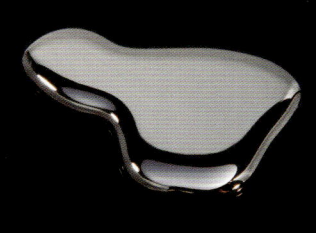 

다른

차례

한국의 독자들에게　vi
원소 주기율표란?　ix
주기율표의 생김새　xii
단어 풀이　xvii

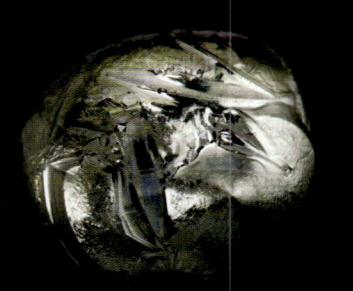

수소　1	질소　7	구리　29
헬륨　2	산소　8	아연　30
리튬　3	플루오린　9	갈륨　31
베릴륨　4	네온　10	저마늄　32
붕소　5	소듐　11	비소　33
탄소　6	마그네슘　12	셀레늄　34
	알루미늄　13	브로민　35
	규소　14	크립톤　36
	인　15	루비듐　37
	황　16	스트론튬　38
	염소　17	이트륨　39
	아르곤　18	지르코늄　40
	포타슘　19	나이오븀　41
	칼슘　20	몰리브데넘　42
	스칸듐　21	테크네튬　43
	타이타늄　22	루테늄　44
	바나듐　23	로듐　45
	크로뮴　24	팔라듐　46
	망가니즈　25	은　47
	철　26	카드뮴　48
	코발트　27	인듐　49
	니켈　28	주석　50

안티모니	51
텔루륨	52
아이오딘	53
제논	54
세슘	55
바륨	56
란타넘	57
세륨	58
프라세오디뮴	59
네오디뮴	60
프로메튬	61
사마륨	62
유로퓸	63
가돌리늄	64
터븀	65
디스프로슘	66
홀뮴	67
어븀	68
툴륨	69
이터븀	70
루테튬	71
하프늄	72

탄탈럼	73
텅스텐	74
레늄	75
오스뮴	76
이리듐	77
백금	78
금	79
수은	80
탈륨	81
납	82
비스무트	83
폴로늄	84
아스타틴	85
라돈	86
프랑슘	87
라듐	88
악티늄	89
토륨	90
프로트악티늄	91
우라늄	92
넵투늄	93
플루토늄	94
아메리슘	95
퀴륨	96
버클륨	97
캘리포늄	98
아인슈타이늄	99
페르뮴	100

101~103번 원소 102
멘델레븀 101
노벨륨 102
로렌슘 103

104~106번 원소 103
러더포듐 104
두브늄 105
시보귬 106

107~109번 원소 104
보륨 107
하슘 108
마이트너륨 109

110~112번 원소 106
다름슈타듐 110
뢴트게늄 111
코페르니슘 112

114, 116번 원소 107
플레로븀 114
리버모륨 116

113, 115, 117, 118번 원소 109
니호늄 113
모스코븀 115
테네신 117
오가네손 118

원소 수집은 즐거워요 110

교과 연계 112

v

한국의 독자들에게

안녕하세요. 전 이 책을 쓴 시어도어 그레이예요. 혹시 알고 있을지 모르겠지만, 제 취미는 원소 모으기랍니다.

원소, 그리고 과학에 대한 관심은 어린 시절부터 시작되었어요. 세상이 무엇으로 구성되어 있고 어떻게 돌아가고 있는지 알고 싶어했지요. 과학은 세상을 이해하기 위한 가장 강력한 도구였고요. 물질을 어떻게 하면 더 잘 태울 수 있을지 궁리하면서 화학 공부에도 열을 올렸답니다. 도구점과 약국에서 재료를 사서 직접 불꽃놀이를 하고 로켓을 쏘아올리곤 했지요.

본격적으로 원소를 수집하기 시작한 건 새 탁자를 이름이 비슷한 원소 주기율표 모양으로 만들었기 때문이에요(영어로 탁자는 '테이블', 주기율표는 '피리오딕 테이블'이다_옮긴이 주). 일단 표를 만들어 놓고 나니, 탁자 위를 원소 표본으로 가득 채우고 싶어졌어요. 지금은 다 채웠답니다. 이 책에 실린 사진 속 원소들은 그렇게 모은 것 중 일부예요. (원소 수집 이야기는 책 뒤에 실려 있어요.)

원소를 수집하면서 제 인생은 완전히 바뀌었어요! 원래 저는 컴퓨터 소프트웨어 관련 일을 하고 있었는데 원소를 모은 뒤에는 원소 관련 책을 쓰기 시작했어요. 그 후 원소를 소개하는 앱을 만들었고, 다시 새로운 책을 썼고, 과학 관련 책을 여러 권 펴냈고, 베스트셀러 작가가 되었지요. 지금은 책만 쓰면서 살고 있답니다. 모든 것이 원소 덕분에 일어난 일이었지요. 이제 누구에게나 이야기할 수 있어요. 하고 싶은 일이 생겼을 때 그 일을 하는 게 가장 중요하다고요. 이유를 설명하기 어렵다고 해도 괜찮아요. 일단 해 보면 된답니다!

    여러분도 원소를 수집하고 싶나요? 그럼 주변에 있는 원소부터 모아 보세요. 철, 알루미늄, 구리, 텅스텐, 은, 금은 구하기 쉬워요. 어쩌면 집에 이미 이 원소들의 순수한 표본이 있을지도 모르고요. 좀 더 모으기 어려운 원소에 도전하기 위해선 꼭 해야 할 일이 있어요. 원하는 원소의 특성을 가능한 많이, 그리고 확실하게 공부하는 거예요. 왜냐하면 원소는 각각 독특하고 아름다운 특징과 능력을 자랑하거든요. 이걸 아는 과정이 원소 수집보다 더 재미있고도 중요해요. 게다가 이 책을 보면 알게 되겠지만, 원소 중에는 굉장히 위험한 종류도 있어요. 그러니 어떻게 다루고 보관해야 할지, 개인이 가질 수 있는 원소와 그렇지 않은 원소는 무엇인지 반드시 알아야 한답니다.

    나머지 이야기는 이 책 곳곳에 담겨 있어요. 그럼 원소 주기율표란 무엇인가부터 시작해 보죠. 책장을 넘기세요!

원소 주기율표란?

주기율표란 세상에서 널리 받아들이고 쓰는 원소 목록이에요. 어떤 원소가 어떤 성질을 갖고 있는지 한눈에 알아볼 수 있도록 표처럼 만든 거지요. 다시 말해, 주기율표는 우리의 발에 떨어뜨리면 닿는 세상의 모든 것을 구성하는 기본 재료의 목록이에요. 물론, 이 세상에는 주기율표에 없는 빛, 사랑, 논리, 시간 같은 것들도 있어요. 그렇지만 그 중 어느 것도 우리의 발에 떨어뜨릴 순 없답니다.

지구, 이 책, 그리고 우리의 발같이 만질 수 있는 모든 것은 원소로 이루어져 있어요. 우리의 발은 탄소와 수소가 결합한 산소로 이루어져 있지요. 지구는 네 가지 주요 원소인 철, 산소, 규소, 마그네슘으로 이루어져 있고요. 이 책은 대부분 탄소, 산소, 수소로 이루어져 있답니다.

이건 단지 시작일 뿐이에요. 이 책에서 주기율표에 있는 원소 118개 모두를 만나볼 거예요.

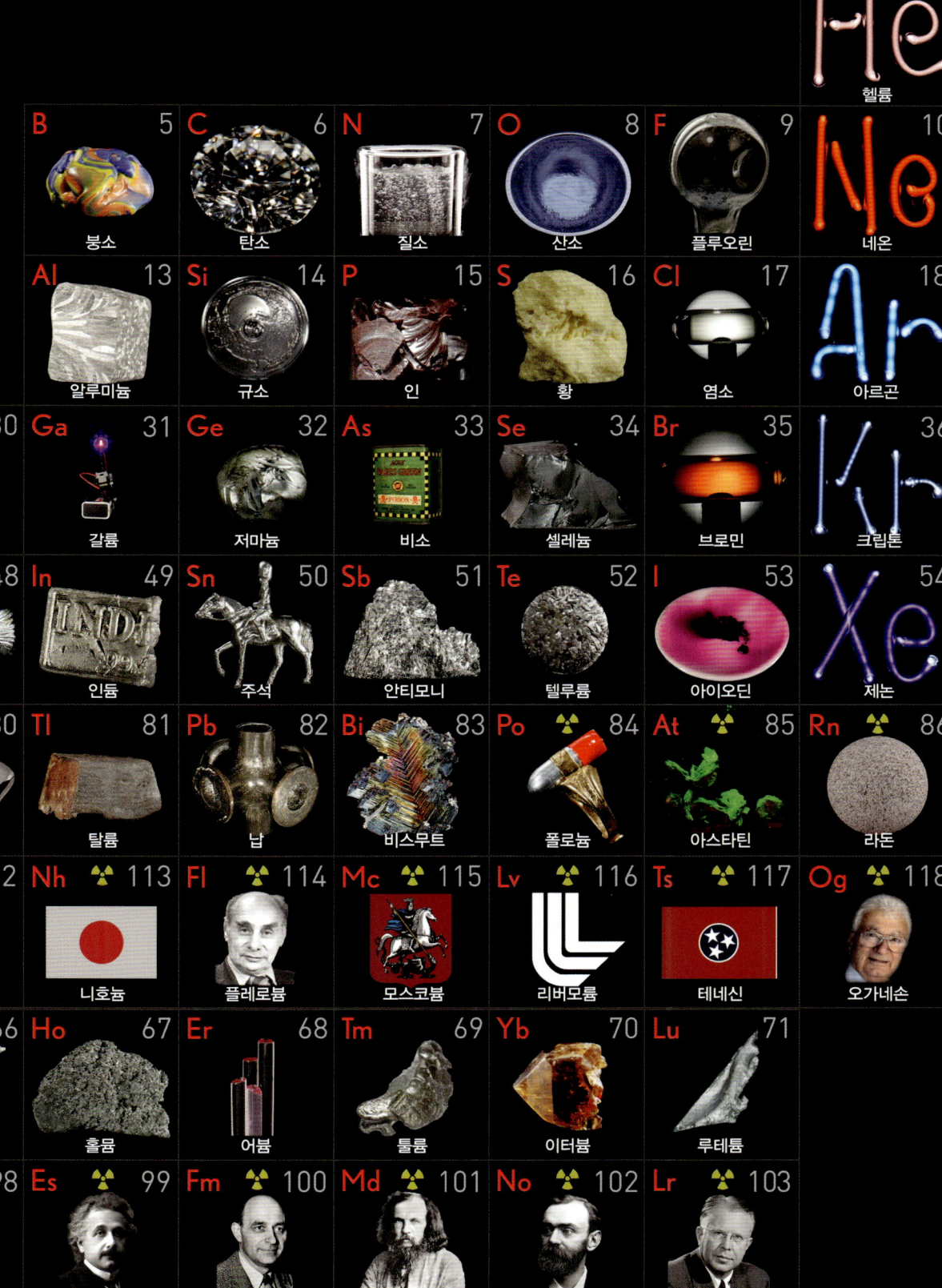

주기율표의 생김새

주기율표는 어떻게 지금 같은 모습이 되었을까요? 우연히 그렇게 된 것도 아니고, 그 모양이 가장 예쁘기 때문인 것도 아니에요. 주기율표의 생김새는 각 원소의 원자 안에 있는 전자의 수에 따라 순서대로 배열한 거랍니다.

    원자는 양성자, 중성자, 전자라고 하는 세 종류의 입자로 이루어져 있어요. 양성자와 중성자는 만나서 핵을 만들어요. 원자핵에 있는 양성자의 수는 원자마다 항상 일정한데 이 수가 바로 원소의 원자번호예요. 예를 들어 모든 산소 원자의 원자핵 안에 8개의 양성자가 있어서 산소의 원자번호는 8이지요. 반면 중성자의 수는 일정하지 않아요. 원자핵 주위에는 핵에 있는 양성자와 같은 수의 전자가 궤도를 돌고 있답니다.

    주기율표를 왼쪽에서 오른쪽으로, 위에서 아래로 읽다 보면 원자번호 순서대로 원소가 나열되어 있다는 것을 알 수 있어요. 가끔 빈칸이 있기도 하지만요. 첫 번째 열에는 1번 수소와 2번 헬륨 사이에 많은 빈칸이 있어요. 아래로 내려가면서 점점 빈칸들이 있는 이유는 각 세로 줄마다 같은 수의 '최외각껍질' 전자를 가진 원자를 배열하기 위해서예요. 그리고 최외각 껍질 전자의 수가 같으면 화학적 결합을 하는 방식이나 화학적 성질도 비슷하답니다. 같은 세로 줄에 있는 원소들은 같은 '족'으로 묶여요. 같은 족에 있는 원소들은 서로 비슷한 방식으로 움직이지요. 자, 이제 여러 족의 특징을 살펴봐요.

가장 왼쪽 줄에 있는 첫 번째 원소 족은 '알칼리 금속'이에요. 알칼리 금속의 가장 큰 특징은 금속들을 물에 던져 넣으면 흥미로운 일이 벌어진다는 거지요. 11번 소듐 같은 알칼리 금속은 물과 닿는 순간 재빠르게 반응하면서 아주 커다란 폭발을 일으킨답니다. 실험하는 사람들이 얼마나 준비를 잘했느냐에 따라서 스릴 넘치는 멋진 경험이 될 수도 있고 정말 위험할 수도 있지요. 사실 화학은 그래요. 위대한 일을 할 만큼 강력하기도 하고 끔찍한 일이 일어날 만큼 위험하기도 하니까요. 화학의 힘을 제대로 알고 쓰지 않는다면 화학은 우리를 꽉 물어 버릴 수도 있답니다.

두 번째 세로 줄의 원소들은 '알칼리 토금속'이에요. 이 원소 족은 이웃한 알칼리 금속과 비슷하지만 알칼리 금속만큼 폭발적이진 않아요. 알칼리 토금속을 물에 넣으면 더 천천히 반응한답니다.

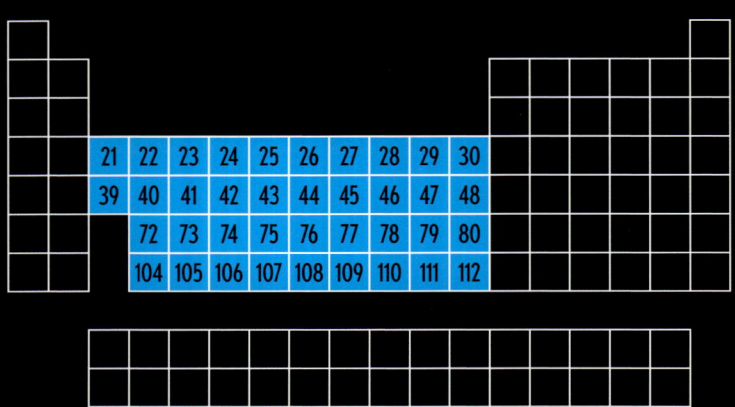
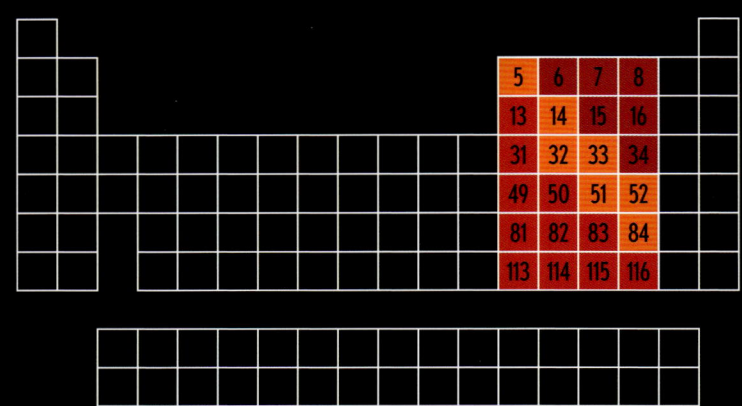

주기율표에서 넓은 중앙부를 차지하고 있는 큰 원소 족은 '전이 금속'이에요. 보통 금속이라고 하면 단단한 덩어리를 떠올릴 거예요. 실제로 80번 수은을 제외한 전이 금속은 모두 단단하답니다. 전이 금속은 주기율표에서 '튼튼하고 믿음직한 일꾼' 역할을 해요. 비행기에서부터 초고층건물에 이르기까지 모든 것에 사용되는 강하고 안정적인 원소들이지요. 참, 전이 금속의 왼쪽 구석에 있는 빈칸 두 개는 란타넘족과 악티늄족 원소들의 자리예요. 두 원소 족에 대해서는 xvi쪽에서 자세하게 설명할 거예요.

전이 금속 오른쪽에 있는 네 줄은 세 개의 다른 원소 족으로 이루어져 있어요 아래 왼쪽 붉은 삼각형 안에 있는 원소는 '전형 금속'이에요. 위 오른쪽 적갈색 삼각형 원소들은 '비금속'에 속해요. 금속이 아니라는 뜻이지요. 둘 사이에 있는 오렌지색 원소들은 금속의 성질과 비금속의 성질을 모두 갖고 있는 '준금속'이랍니다.

오른쪽에서 두 번째 세로 줄은 '할로겐 원소'예요. 여기에 속한 원소들은 순수한 형태로 있으면 지독한 냄새가 나는 것으로 유명하지요. 그러나 다른 족 원소들과 섞이면 치약의 원료나 소금같이 상당히 얌전하고 유용한 물질로 바뀐답니다.

오른쪽 끝에 있는 원소들은 '비활성 기체'라고 해요. 비활성은 다른 물질과 반응을 하지 않는다는 뜻이에요. 여기 있는 원소들은 9번 플루오린과 우연히 만날 때를 제외하고는 화합물을 만드는 경우가 매우 드물답니다. 네온 같은 비활성 기체는 특수한 관에 넣으면 아름다운 빛을 내기 때문에 밤을 환하게 밝히는 네온사인의 재료로 쓰여요.

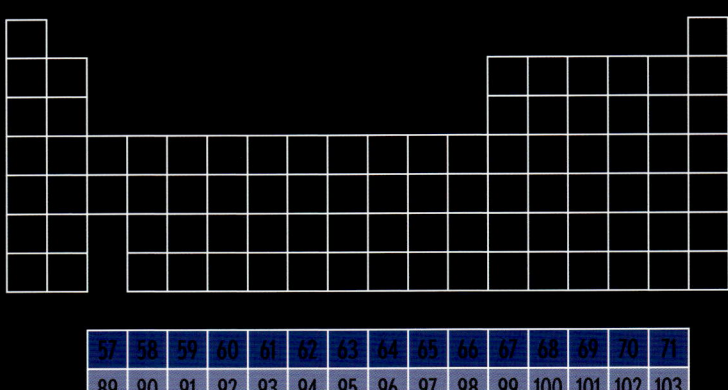

주기율표 아래에는 따로 빠져 있는 작은 표가 있어요. 여기 속한 원소는 '희토류'랍니다. 희토류는 지구에 매우 드물게 있는 원소라는 뜻이에요. 희토류의 위 줄은 란타넘족, 아래 줄은 악티늄족으로 나뉘어요. 앞에서 설명한 전이 금속의 두 빈칸을 채우는 원소들이지요. 때때로 이 빈칸에 희토류 전체를 끼워 넣은 주기율표도 있긴 해요. 하지만 그러면 주기율표가 아주 넓어지기 때문에 보통은 두 덩어리를 밑에 따로 떼어서 배열한답니다.

지금까지 주기율표를 전체적으로 살펴봤어요.
이제 118개의 원소를 각각 만나볼 거예요.
그 전에 앞으로 나올 어려운 단어의 뜻을 미리 알려 줄게요.

단어 풀이

결정 원자나 분자 같은 입자가 규칙적으로 배열된 고체를 말한다. 이 책에는 많은 원소의 결정 사진이 실려 있다.

광석 화학적 방법이나 전기를 이용하면 금속으로 바뀌는 땅속의 자원. 대부분의 광석은 산화물이다. 예를 들어 철광석은 산화철, 알루미늄 광석은 알루미늄 산화물이다.

도금 금속이나 물체의 겉에 얇은 금속 막을 입혀서 색이나 윤기를 내는 일

동위원소 양성자 수는 같지만 중성자 수가 서로 다른 원소를 같은 원소의 동위원소라 한다. 수소, 산소, 탄소 등 많은 원소가 동위원소를 갖고 있다.

반감기 방사성 원소의 방사능이 절반으로 줄어들기까지 걸리는 시간

반응도 원소나 화합물이 화학반응을 잘 일으키는 정도를 뜻한다. 반응도가 높은 물질은 위험할 수 있다. 왜냐하면 다른 물질과 빠르게 반응하며 많은 양의 에너지를 내뿜기 때문이다.

방사능 물질이 내뿜는 방사선의 세기

방사선 원자핵이 붕괴하면서 나오는 선으로 알파선, 감마선, 엑스선, 전자, 중성자 같은 여러 종류가 있다. 방사선은 다른 빛보다 에너지가 훨씬 강하기 때문에 위험하다.

방사성 방사선을 내뿜는 물질 앞에 붙이는 말. 예를 들어 방사성 동위원소는 붕괴하면서 방사선을 내는 동위원소를 말한다.

방출선 원자나 화합물에 열을 주었을 때 나오는 특정한 파장의 빛

붕괴 이 책에서 나오는 붕괴는 원자핵이 방사선을 내면서 다른 원자핵으로 바뀌는 현상을 말한다.

비활성 화학반응을 일으키기 어려운 성질

산화 원소가 산소와 결합하는 것. 산화된 물질을 산화물이라고 한다. 철이 산화되면 붉은 녹이 슨다.

순도 어떤 물질이 화학적으로 얼마만큼이나 순수한지를 나타내는 정도

스펙트럼 선 방출선과 같다.

아크등 탄소나 금속으로 만든 두 개의 극에 전압이 높은 전류를 통했을 때 극에 있는 물질이 순식간에 기체로 변하면서 아주 밝은 빛을 내는 현상을 아크 방전이라고 한다. 아크등은 아크 방전을 이용해 빛을 밝히는 등이다.

안료 색을 강하게 띠고 있어서 물감이나 잉크에 사용되는 화합물

양극 산화처리 보호할 수 있는 단단한 산화물 막을 형성하기 위해서 금속 표면에 전기를 통하는 일

양성자 양전하를 띠는 입자로, 중성자와 함께 원자의 핵을 이룬다. 원자핵에 있는 양성자 수는 그 원자가 어떤 원소인가를 결정한다. 한 원소의 양성자 수는 원자번호와 같다.

원자 양성자와 중성자가 있는 핵과 핵 주변 궤도를 움직이는 전자로 이루어진 작은 입자. 원소의 원자번호는 핵 안의 양성자의 수에 따라서 결정된다. 예를 들어 6개의 양성자가 있는 탄소 원자의 원자번호는 6번이다.

인광 한번 빛을 받은 물체가 원래의 빛이 사라진 뒤에도 오랫동안 빛을 내는 현상. 이렇게 나오는 빛을 부르는 말이기도 하다. 야광과 형광은 모두 인광이다.

자기력 자석끼리 당기거나 밀어내는 힘. 자기력선은 이 힘의 크기와 방향을 나타내는 선으로 자석의 N극에서 S극으로 이어진다.

자기장 자기력의 영향을 받는 공간

자성 자석의 성질

전도성 전기나 열이 잘 통하는 성질

전류 전기의 흐름

전압 전류를 흐르게 하는 능력. 전압이 클수록 많은 전류가 한꺼번에 흐른다.

전자 음전하를 띤 작은 입자로 원자핵의 주변을 돌고 있다. 전자는 원자들끼리 서로 화학적 결합을 할 수 있게 해 준다.

중성자 양성자와 함께 원자의 핵을 이루는 입자. 전하를 띠지 않는다.

초전도체 저항 없이 전기가 흐르는 물질

합금 서로 다른 금속 원소들을 섞은 것

화학적 결합 두 종류가 넘는 원자나 물질이 서로 합쳐져 새로운 물질을 만들어 내는 과정

화합물 두 개 이상의 서로 다른 원소가 일정한 비율로 화학적으로 결합해 만들어진 물질. 예를 들어 물은 산소와 수소가 1대 2의 비율로 결합한 화합물이다. 원소가 일정하지 않은 비율로 섞인 합금과 다르다.

H

1

▶ 무게로 따진다면, 우리 눈에 보이는 우주의 75퍼센트가 수소로 이루어져 있다. 대부분 무색의 기체지만, 우주에 있는 엄청난 양의 수소는 별빛을 흡수해 독수리 성운과 같은 멋진 모습을 만들어 낸다. 이 사진은 허블 우주 망원경으로 관찰하고 찍은 것이다.

원소의 위치

수소

수소는 모든 원소 중에서 가장 가벼워요. 심지어 풍선을 둥둥 뜨게 만드는 2번 헬륨보다도 가볍답니다. 우주에서 가장 많은 원소이기도 해요. 태양은 1초에 6억 톤의 수소를 쓰는데, 그중 5억 9,600만 톤을 헬륨으로 바꿔요. 초당 6억 톤이라니 놀랍죠? 태양은 이만한 수소를 밤낮을 가리지 않고 계속 태우고 있답니다. 헬륨을 만들고 남은 400만 톤은 에너지로 바뀌어요. 이 에너지는 우리의 모든 삶을 뒷받침해 주는 태양의 빛과 열이 된답니다.

He 2

◀ 헬륨은 무색의 비활성 기체다. 다른 물질과 반응을 하지 않는다는 뜻이다. 헬륨에 전기를 통하면 연한 복숭아색 빛을 낸다.

원소의 위치

헬륨

헬륨이라는 이름은 그리스의 태양신 '헬리오스'에서 따온 거예요. 헬륨이 존재한다는 증거가 태양 빛에서 처음으로 나왔거든요. 19세기에 찍은 태양 빛의 스펙트럼에 당시 사람들이 알고 있는 원소들로는 설명할 수 없는 검은 선이 나타났는데, 이 선이 바로 헬륨 때문에 생긴 거랍니다. 헬륨은 지구 밖 우주에서 발견된 첫 번째 원소기도 해요. 보통 놀이공원에서 파는 풍선이나 하늘 높이 떠오르는 기구를 부풀릴 때 사용해요,

Li 3

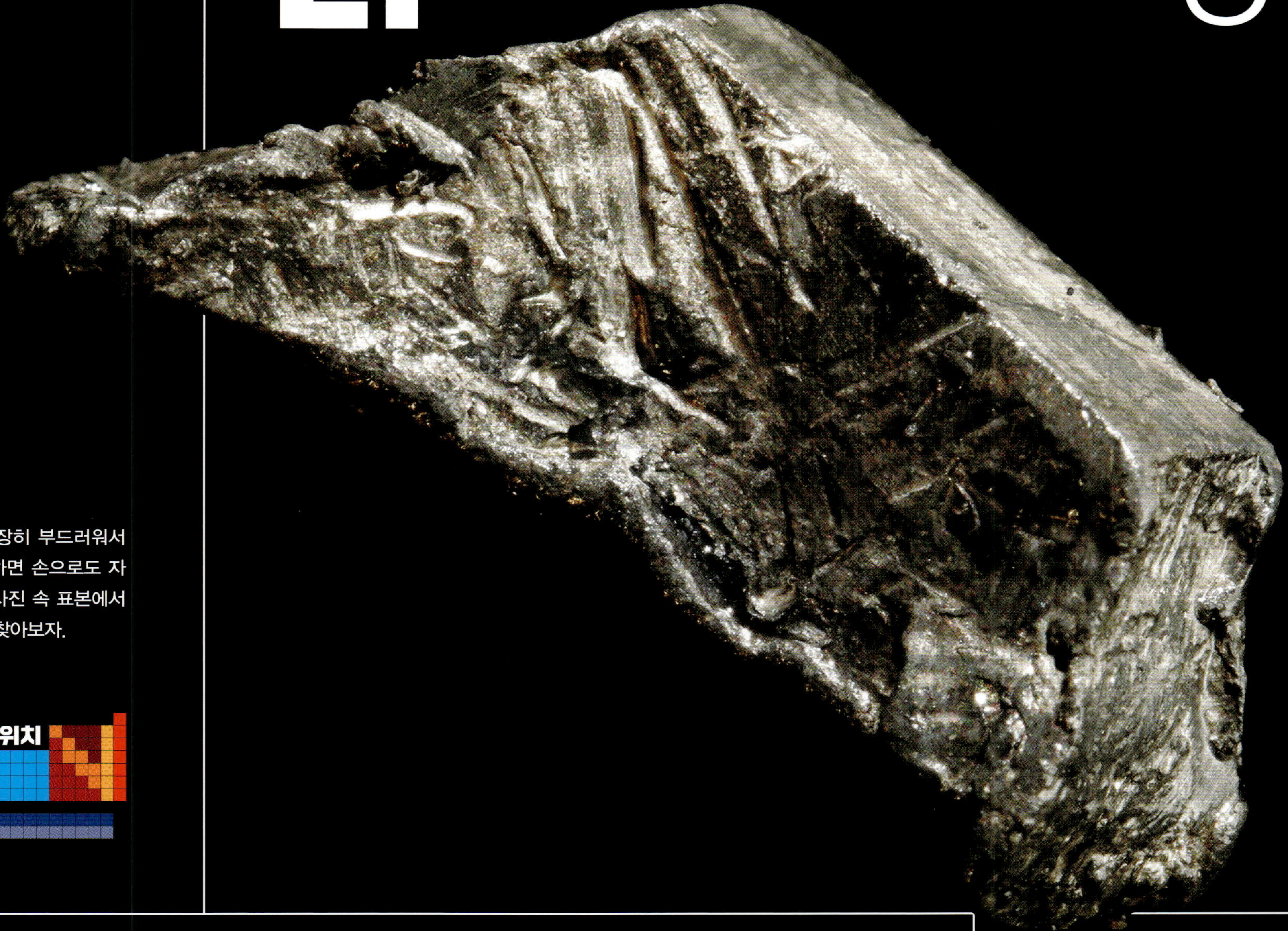

▶ 리튬은 굉장히 부드러워서 가위를 사용하면 손으로도 자를 수 있다. 사진 속 표본에서 가위 자국을 찾아보자.

리튬은 매우 무르고 가벼운 금속이에요. 물에도 뜰 수 있을 만큼 가볍답니다. 리튬은 리튬 이온 전지에 쓰여요. 휴대전화에서 전기차에 이르기까지 모든 종류의 전자 제품이 움직이게 만들지요.

리튬

Be 4

◀ 순수한 베릴륨 결정. 이 결정을 녹여서 강하고 가벼운 미사일이나 로켓 부품의 재료를 만든다.

베릴륨

베릴륨은 아주 가볍지만 쉽게 녹거나 녹슬지 않는 강한 금속이에요. 그만큼 값도 비싸지요. 베릴륨은 돈을 많이 들여서라도 튼튼하게 만들어야 하는 미사일과 로켓 부품을 만드는 데 쓰여요.

B 5

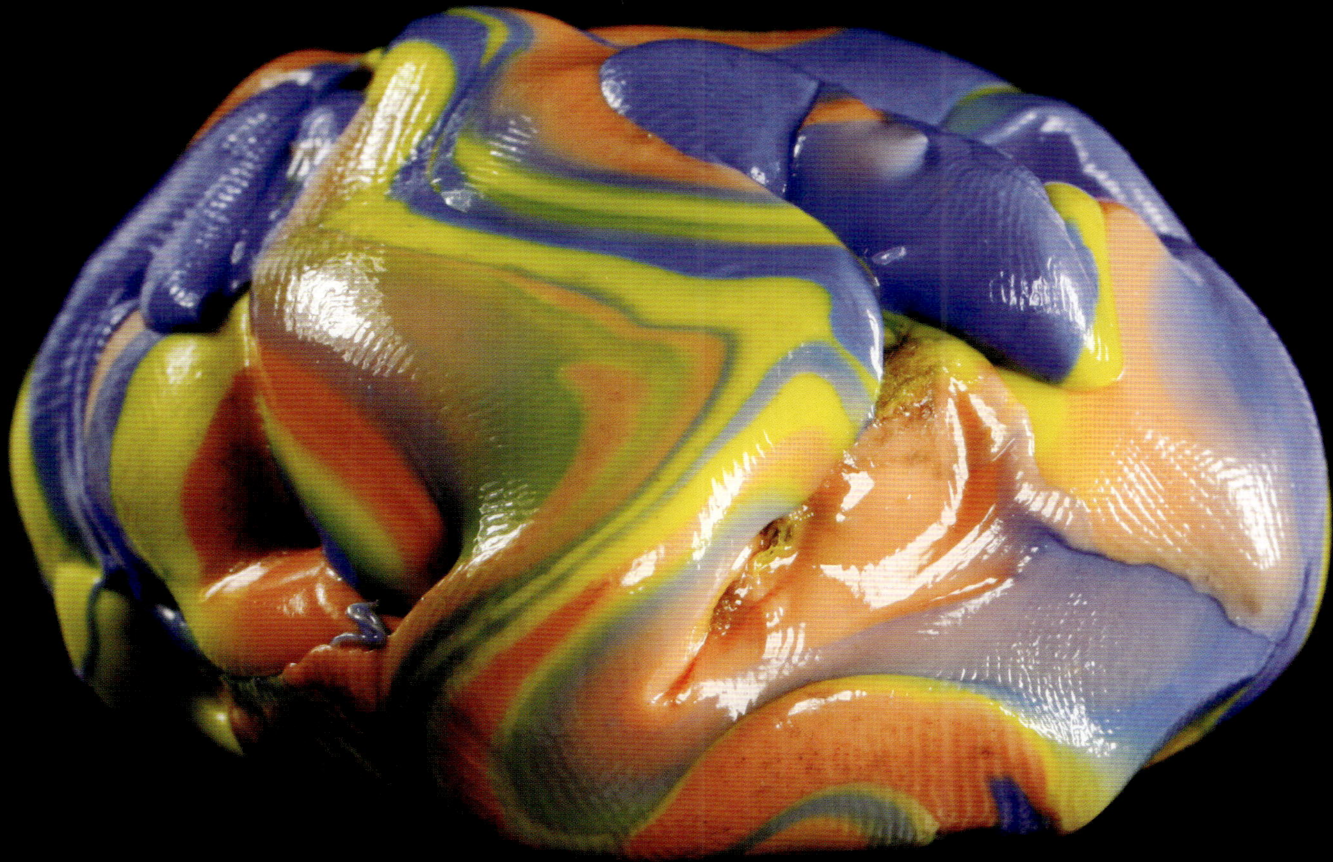

▶ 붕소로 보통 '탱탱볼'이라고 부르는 실리퍼티를 만들 수 있다. 실리퍼티는 아주 잘 튀어 오른다.

원소의 위치

붕소

이름은 조금 우습지만 붕소는 아주 많은 일을 해낼 수 있어요. 예를 들어 붕소는 물러서 다양한 모양을 만들 수 있지만, 또한 단단하기도 해서 벽에 던지면 튀어오르는 실리퍼티를 만드는 중요한 재료랍니다. 7번 원소인 질소와 붕소가 결합한 질화붕소는 여러 종류가 있어요. 과학자들은 그중 한 종류가 지구에서 가장 단단한 물질인 다이아몬드보다 더 단단한 물질일지도 모른다고 생각해요.

C 6

◀ 다이아몬드는 영원하다. 너무 열을 가하지만 않는다면 말이다. 계속해서 큰 열을 받으면 다이아몬드는 타서 이산화탄소 가스로 날아가 버린다.

탄소

탄소는 생명체를 만들고 유지하는 데 가장 중요한 원소예요. DNA를 구성하는 물질인 탄소는 지구의 모든 생명을 이루는 기본이지요. 또한 탄소는 다이아몬드의 구성 물질이기도 하답니다. 물과 뼈를 제외한 우리 몸속 거의 모든 분자에는 탄소 원자가 들어 있어요. 생물은 탄소를 주요 원소로 하는 유기화합물로 이루어져 있지요.

N 7

▶ 진공관 안에 영하 196도에서 끓고 있는 액화질소가 가득 들어 있다.

지구 대기는 78퍼센트 이상이 질소로 이루어져 있어요. 나머지 22퍼센트는 숨을 쉴 때 필요한 8번 원소인 산소지요. 질소는 공기 중에서 원자 두 개가 합쳐진 N_2의 형태로 존재해요. 분자 속의 원자들은 따로 떼어 놓을 수 없답니다. 화학의 가장 중요한 발견 중 하나는 질소를 공기로부터 떼어 내어 비료로 바꾸는 방법이에요. 질소 비료가 없었다면 아주 많은 사람들이 식량을 구하지 못해 굶어 죽었을 거예요.

질소

O 8

◀ 산소는 영하 183도에서 아름다운 파란색 액체가 된다.

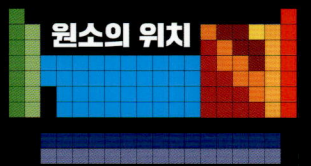
원소의 위치

산소

산소는 지구에 가장 많은 원소예요. 지구 지각 무게의 절반과 바다 무게의 86퍼센트를 차지하지요. 산소는 우리의 생존에 반드시 필요해요. 사람은 음식이 없으면 한 달, 물이 없어도 일주일을 살 수 있지만 산소 없이는 단 몇 분도 버티기 힘들답니다. 우주를 탐험할 때 산소는 필수품 중에서도 필수품이에요. 만약 우주선에 산소가 부족하다면 우주비행사는 아무것도 할 수 없답니다.

F 9

▶ 플루오린은 옅은 노란색 기체로 유리를 포함한 거의 모든 것과 격렬하게 반응한다. 모든 원소 중 가장 반응성이 높기 때문이다. 이 사진은 플루오린을 순수한 석영 통에 잠시 넣은 모습이다.

플루오린

플루오린은 불소라고도 불러요. 반응성이 굉장히 높기 때문에 어떤 물질을 향해 플루오린 가스를 불면 불꽃이 터지지요. 플루오린과 결합한 화학물은 화학적으로 매우 안정적이에요. 다른 원소가 플루오린과 결합할 때 엄청나게 많은 에너지가 발생하기 때문에 그 결합을 깨기 위해서는 또한 엄청나게 많은 에너지가 필요하기 때문이지요. 예를 들어 프라이팬이나 냄비 안에 코팅된 테플론은 탄소-플루오린 결합으로 이루어져 있어요. 테플론을 화학적으로 녹이거나 부수는 건 거의 불가능한 일이랍니다.

Ne 10

◀ 사진 속 튜브처럼, 네온사인은 말 그대로 네온으로만 이루어져 있다. 네온사인에 전류를 흘려보내면 환하게 빛난다.

네온

네온은 모든 원소 중 가장 반응성이 낮아요. 다시 말해 네온은 다른 원소와 거의 결합하려 하지 않지요. 네온이 화학적인 반응을 일으키는 일은 거의 없어요. 대신 전류를 통하면 밝은 오렌지색 빛을 내지요. 지금은 LED 등을 더 많이 쓰지만, 예전에는 세계 곳곳의 거리에서 네온사인이 환하게 빛을 밝혔답니다. 지금도 네온사인은 간판이나 실내 장식에 많이 쓰여요.

Na 11

▶ 이 부드럽고 은빛이 도는 소듐 덩어리는 칼로 잘라 내 기름 속에 보관했던 것이다. 공기 중에 내놓으면 몇 초 만에 하얀색으로 변한다. 그리고 물에 넣으면 1번 원소인 수소가 발생하고, 녹은 소듐은 불꽃을 일으키며 폭발한다.

소듐은 알칼리 금속 중에서 가장 폭발하기 쉬운 원소예요. 맛도 가장 좋지요. 소듐이 염소와 결합하면 염화소듐, 즉 맛있는 소금이 된답니다.

Mg 12

◀ 마그네슘으로 만든 인쇄판

원소의 위치

마그네슘

마그네슘은 가벼운 자전거 부품을 만드는 데 알맞은 금속이에요. 하지만 마그네슘을 아주 고운 가루로 갈면 굉장히 불붙기 쉬운 물질이 된답니다. 예전에는 카메라 플래시에 마그네슘을 썼어요. 지금도 불꽃놀이에 밝고 하얀 빛을 내기 위해서 마그네슘 가루를 쓴답니다.

Al 13

▶ 잘 깎은 고순도 알루미늄 덩어리. 안을 들여다보면 결정 구조가 보인다.

알루미늄은 공기와 접촉해도 철처럼 녹슬지 않아서 활용할 데가 무궁무진해요. 단점은 가격이 비싸다는 점이지요. 단, 녹슬지 않는다고 해서 공기와 반응하지 않는 건 아니에요. 오히려 공기와 반응해 원래의 알루미늄보다 더 단단한 투명 코팅을 만들어 낸답니다. 알루미늄 겉에 씌워진 이 코팅 물질이 내부가 녹슬거나 망가지는 걸 막아 주지요.

알루미늄

Si 14

◀ 이 규소 공은 인간이 합성한 거의 완벽한 결정체다. 사진 속 규소 공은 완성되기 전에 꺼냈기 때문에 녹은 규소가 흘러내린 밑면이 보인다.

규소

휴대전화, 노트북, 데스크탑을 움직이게 만드는 컴퓨터 칩은 해변에 널린 흰색의 모래, 즉 이산화규소를 재료로 써요. 지구의 지각을 이루는 바위, 모래, 진흙, 흙은 대부분 규산염 광물(이산화규소와 금속산화물로 이루어진 광물)로 이루어져 있답니다. 그래서 규소를 재료로 쓴 인공지능이 지구를 차지할 경우, 자신을 복제할 원료가 부족해서 멸종되는 일은 없을 거예요.

P 15

▶ 사진 속의 희귀한 보라색 인은 동소체가 아니라 붉은색 인과 검은색 인의 혼합물이다.

인은 여러 가지 형태로 존재해요. 물질을 구성하는 원소는 모두 똑같은 인이지만, 원자끼리 결합하거나 원자가 배열되는 방식이 달라서 물질의 형태도 달라진 거예요. 이처럼 같은 원소로 이루어진 서로 다른 형태의 물질을 '동소체'라고 부르지요. 붉은색 인은 성냥개비의 머리, 즉 불을 붙이는 부분에 쓰여요. 흰색 인은 치명적인 독성이 있고 공기와 접촉하면 불이 붙기 때문에 전쟁 무기로 쓰이지요. 검은색 인은 만들기도 어렵고 쓰임새도 별로 없기 때문에 거의 볼 수 없답니다.

인

S 16

◀ 순수한 황 결정은 화산이나 지열이 배출되는 곳 부근에서 자연적으로 생겨난다.

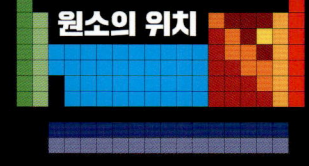

황

황은 냄새가 아주 지독해요! 황 화합물 중에서 가장 냄새가 지독한 것은 썩은 달걀 냄새가 나는 황화수소지요. 하지만 이 냄새 나는 원소는 쓸모가 많답니다. 엄청난 양의 황이 화학 산업의 셀 수 없이 많은 과정에서 만들어지고 쓰이지요. 대부분 황산 형태로 써요.

Cl 17

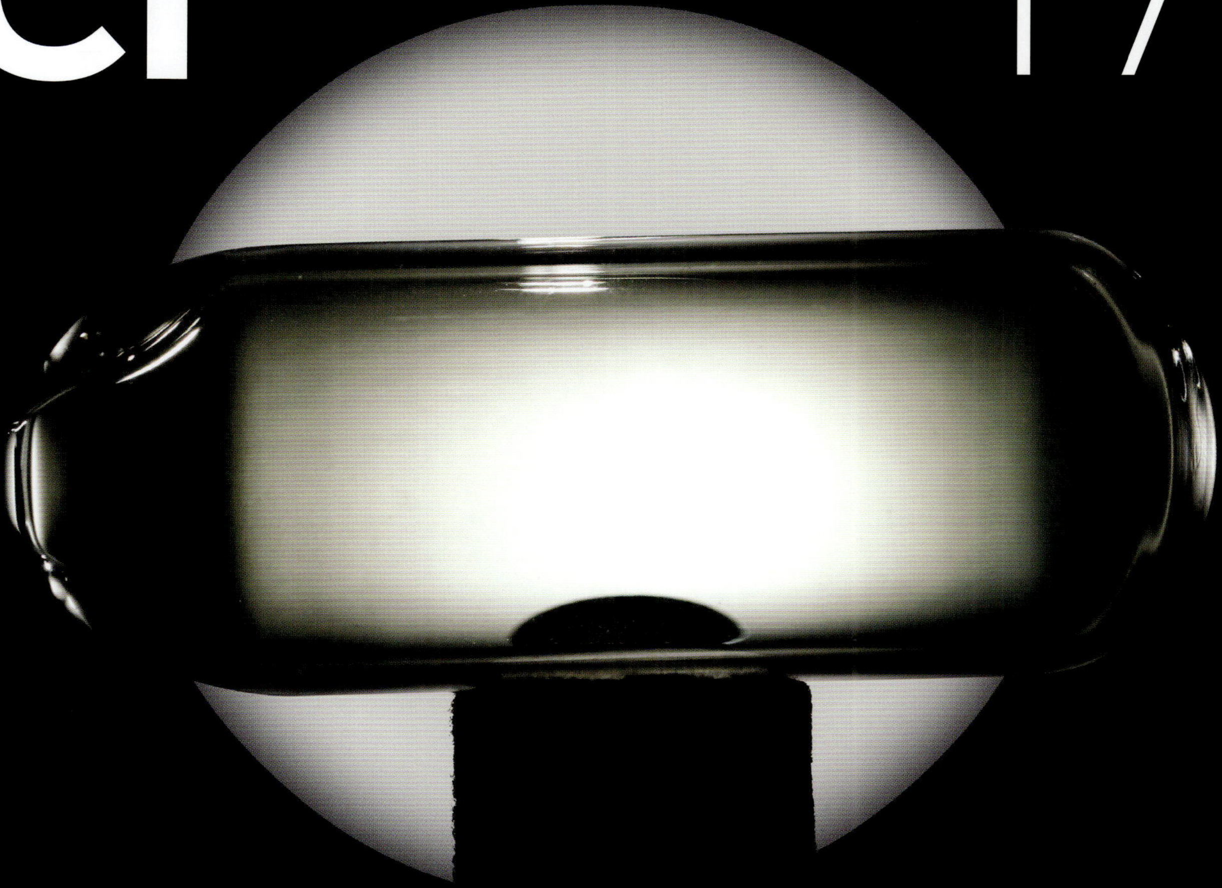

▶ 염소 가스는 옅은 노란색이기 때문에 배경이 흰색일 때에야 겨우 보인다.

염소는 제1차 세계대전 기간 동안 무시무시한 독가스로 쓰였어요. 하지만 아주 적은 양만 쓰면 가장 값이 싸고 효과적인 소독약이 되지요. 이 소독약은 환경에 문제를 일으키지 않으면서도 마시는 물을 정화해 수백만 명의 생명을 구했답니다. 염소 때문에 죽은 사람보다 산 사람이 더 많아요.

염소

Ar 18

◀ 비활성 기체인 아르곤은 전류에 의해 자극을 받아서 진한 하늘색을 띠지 않는 한 비활성이며 무색이다.

원소의 위치

아르곤

아르곤이라는 이름은 많이 낯설 거예요. 하지만 놀랍게도 지구 대기에 아주 풍부한 원소랍니다. 가격도 싸기 때문에 주변에서 아르곤을 쓴 제품을 쉽게 찾아볼 수 있어요. 예를 들어 백열전구 안에는 아르곤과 7번 원소인 질소를 혼합한 기체가 들어 있지요. 아르곤은 공기와의 화학반응을 막는 능력이 뛰어난 비활성 기체예요. 사람들이 아르곤을 채운 상자 속에서 고무장갑을 낀 손을 상자에 난 창문으로 내밀어 작업할 때도 있답니다.

K 19

▶ 사진 속 정육면체 포타슘은 아주 얇은 산화막으로 덮여 있어서 은은한 보라색을 띠고 있다. 포타슘은 공기 중에 노출되면 순식간에 검게 변하고 물에 닿으면 폭발한다.

바나나에는 포타슘이 잔뜩 들어 있어요. 포타슘은 우리 생존에 반드시 필요한 중요한 영양소랍니다. 세상에 존재하는 모든 포타슘 원자의 1만 분의 1은 방사성 동위원소 K-40이에요. 따라서 바나나는 건강 식품이면서 방사성 식품이랍니다.

포타슘

Ca 20

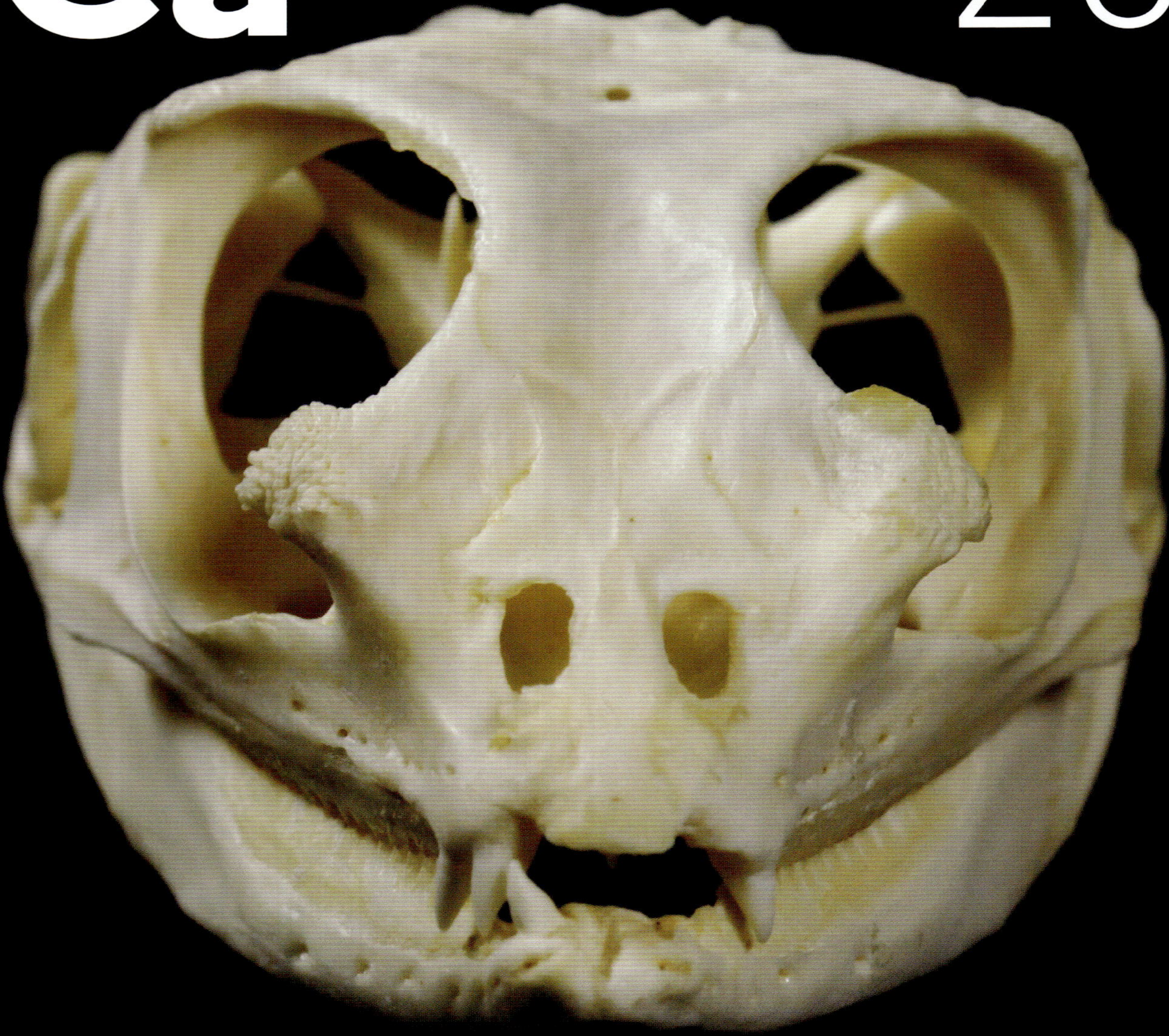

◀ 목도리 도마뱀의 두개골. 이 두개골을 이루는 수산화칼슘 인산염은 인간의 뼈를 이루기도 한다.

원소의 위치

칼슘

칼슘이라는 이름을 들으면 대부분 우유나 뼈를 먼저 떠올릴 거예요. 우유와 뼈에는 모두 칼슘과 다른 원소가 만나 만들어진 칼슘 화합물이 들어 있어요. 순수한 상태의 칼슘은 사실 알루미늄처럼 보이는 빛나는 금속이랍니다. 하지만 순수한 칼슘을 볼 일은 거의 없을 거예요. 왜냐하면 순수한 형태로는 거의 쓰임새가 없는 데다 공기에 노출되면 검은색으로 변하거든요.

Sc 21

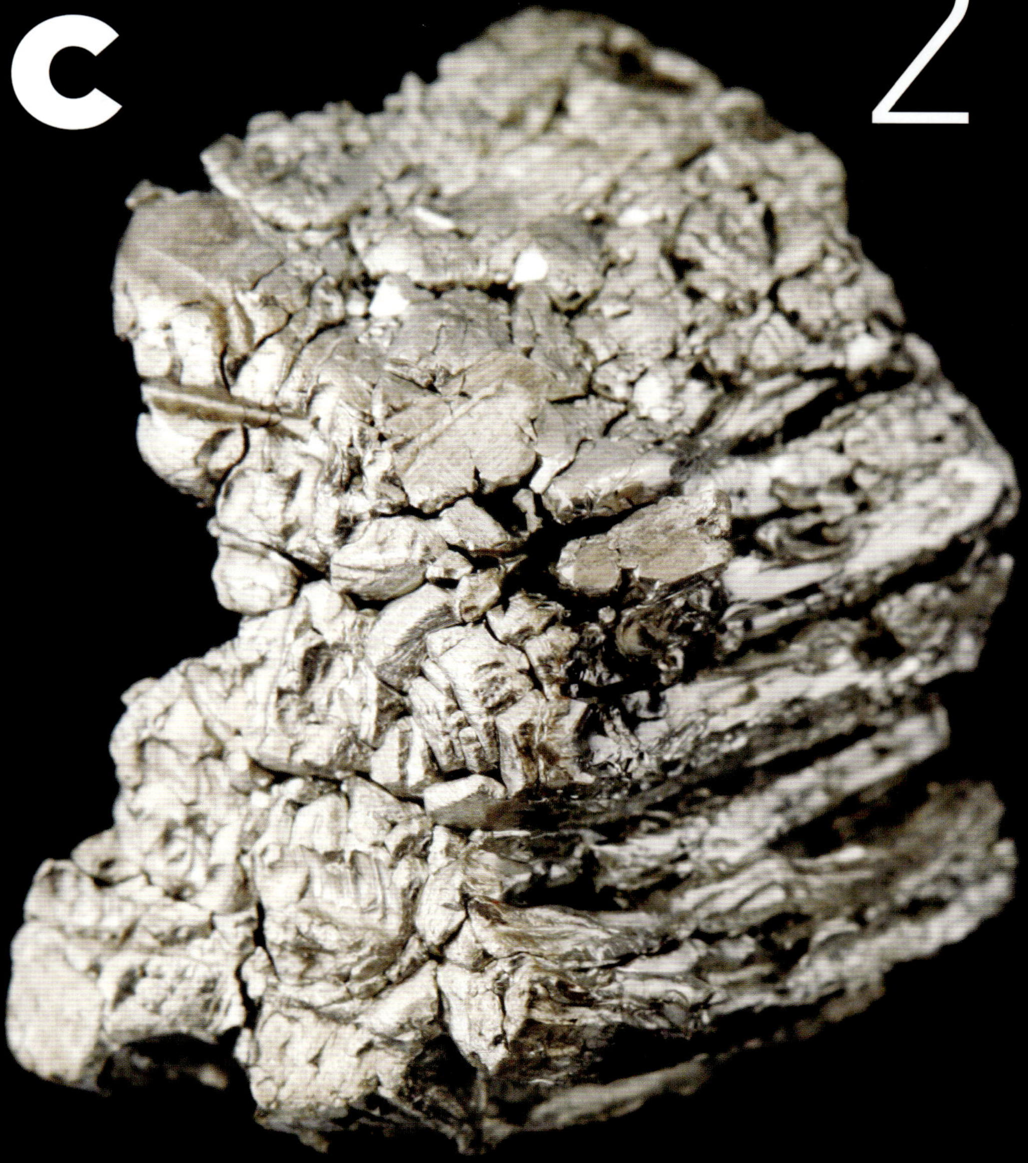

▶ 사진 속 스칸듐 결정들은 스칸듐 솔트로 바뀐 상태다. 스칸듐 솔트는 태양 빛과 똑같은 일광 스펙트럼을 내는 메탈할라이드 아크등에 쓰인다.

스칸듐

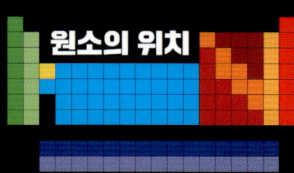

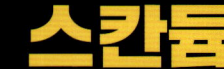

스칸듐은 금속을 강하게 만드는 재료예요. 13번 원소인 알루미늄에 스칸듐을 아주 조금 섞으면 가장 강한 알루미늄 합금을 만들 수 있답니다. 이 합금은 전투기나 야구방망이, 자전거 뼈대에 쓰여요.

Ti 22

◀ 마치 빙글빙글 도는 날개 같은 모양이 새겨진 바퀴를 '블리스크'라고 한다. 사진 속 타이타늄 블리스크는 소형 제트 엔진에 쓰인다.

원소의 위치

타이타늄

타이타늄은 고대 그리스 신화에 등장하는 타이탄에서 유래한 이름이에요. 타이탄은 아주 힘이 센 거인족으로, 제우스나 헤라 같은 신들이 등장하기 전 세계를 다스렸답니다. 이름처럼 타이타늄은 제트 엔진이나 연장같이 강한 힘이 필요한 부품을 만드는 데 쓰여요. 또한 절대로 녹슬지 않고 알레르기도 일으키지 않아서 인공 고관절, 치과용 임플란트처럼 우리 몸에 들어가는 인공장기부터 귀걸이나 목걸이 같은 장신구에 이르기까지 많은 곳에 쓰인답니다.

V 23

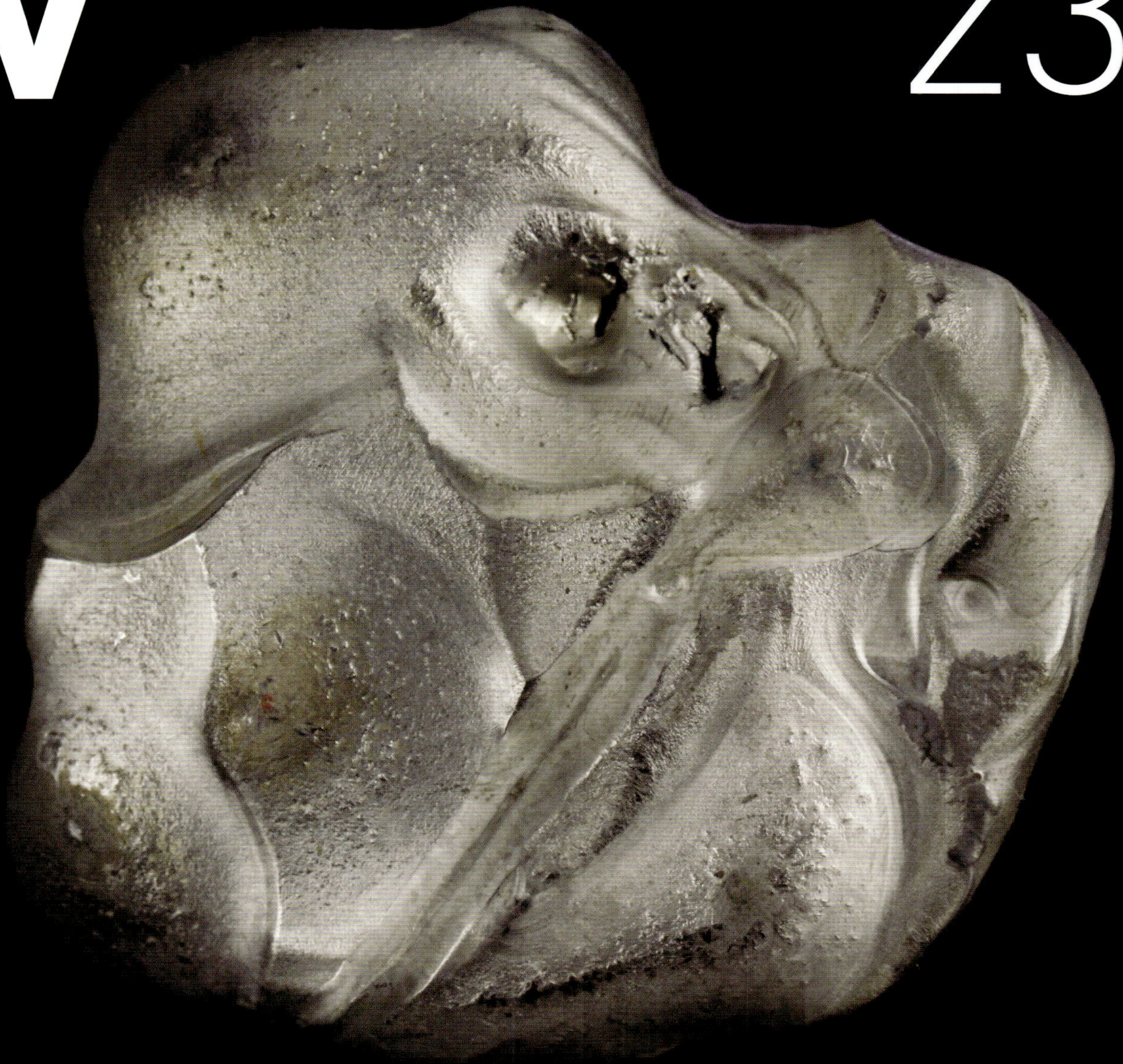

▶ 녹은 순수한 바나듐은 표면이 귀엽고 사랑스럽다.

원소의 위치

바나듐은 가장 단단하고 거칠며 표면이 깎여 나가지 않는 원소 가운데 하나예요. 22번 원소인 타이타늄보다 무겁고 강하지요. 대부분 크로뮴 바나듐 강 같은 합금을 만들어 연장 재료로 쓰지요. 집에 있는 부모님의 공구함을 열어 보세요. 두 원소를 뜻하는 Cr-V가 찍혀 있는 공구가 있을 거예요. 아직 공구 중 90퍼센트는 26번 원소인 철로 만들고 있지만, 여러 종류의 바나듐 합금은 산업 분야나 기계 가공 쪽에서 크게 활약하고 있답니다.

바나듐

Cr 24

◀ 크로뮴으로 도금할 수 없는 것은 없다. 이 귀엽고 작은 곰 인형도 크로뮴으로 도금한 것이다.

원소의 위치

크로뮴

일상에서 볼 수 있는 순수한 형태의 크로뮴 원소는 아주 얇은 크로뮴 도금층뿐이에요. 현미경을 통해서만 볼 수 있을 정도지요. 하지만 크로뮴을 26번 원소인 철, 그리고 28번 원소인 니켈과 섞으면 스테인리스스틸이 만들어져요. 스테인리스스틸은 아주 반짝반짝 빛나고 거의 녹슬지 않으면서 여러모로 아름다워서 두루 쓰인답니다.

Mn 25

▶ 지은이가 수백 개의 광물과 맞바꾼 근사한 능망간석 결정. 이 결정 하나가 수백 개의 광물보다 더 가치 있다.

망가니즈

검은 산화망간은 붉은 산화철과 함께 인류가 최초로 발견한 안료 중 하나로 1만 7,000년 전의 동굴 벽화에 쓰였어요. 순수한 형태로는 너무 빨리 색이 바뀌어서 이제는 안료로 쓰이지 않지만요. 망가니즈를 26번 원소인 철과 섞으면 강한 성질을 지닌 강철 합금을 만들 수 있어요. 강철로 만들어진 금고 문은 드릴로 뚫기도 어려울 정도예요. 드릴로 뚫으면 뚫을수록 강철이 더욱 강해지기 때문이지요.

Fe 26

◀ 몇백 년 동안 서서히 녹
삭아 작고 붉은 구멍이 생긴
세시대의 말발굽

원소의 위치

철

철은 자기 이름을 딴 시대를 갖고 있는 유일한 원소예요. 청동기시대 다음에 온 철기시대가 그 주인공이
요. 철은 최초로 연장을 만들 수 있는 재료가 되었고, 그 이후부터 지금까지 그 명예를 유지하고 있어요.
늘날에도 철은 매우 싸고 좋은 합금 재료지요. 다양한 과정을 통해 어떤 모양으로도 만들 수 있답니다.
의 유일한 단점은 쉽게 녹슨다는 거예요.

Co 27

▶ 코발트와 알루미늄 산화물인 '산화알루미늄코발트'는 여러 세기 동안 중요한 유화 안료로 쓰였다.

순수한 코발트는 28번 원소인 니켈과 비슷해 보이는 평범한 회색 금속이에요. 그러나 코발트와 알루미늄 산화물의 합금인 산화알루미늄코발트는 아름다운 파란색을 내지요. 도자기, 보석, 유화 분야의 예술가와 장인들이 수백 년 동안 안료로 써 왔답니다.

Ni 28

◀ 전기 도금한 받침판에서 절연 현상이 일어날 때 생기는 니켈-크로뮴 결절. 아름답지만 도금산업에서는 골칫거리다.

니켈

니켈은 동전을 만드는 데 널리 쓰여요. 미국에서 동전을 '니켈'이라고 부르는 이유지요. 그러나 실제로 미국의 동전에는 니켈이 25퍼센트만 들어 있어요. 나머지는 29번 원소인 구리랍니다.

Cu 29

▶ 구리 전선으로 만든 체인

구리는 손 도구를 사용해서 구부리거나 늘릴 수 있을 정도로 무르지만, 냄비와 프라이팬에서부터 보석, 파이프, 전기선까지 매우 유용한 물건을 만들 수 있을 정도로는 단단해요. 구리를 50번 원소인 주석과 합금하면 청동, 30번 원소인 아연과 합금하면 황동이 된답니다.

구리

Zn 30

◀ 지은이가 어렸을 때 만든 아연 주조물. 주조물은 틀 안에 금속을 부어 형태를 만들고 굳힌 것을 말한다.

원소의 위치

아연

아연은 가격이 싸고 모양을 다듬기 쉬운 금속이에요. 특별히 단단할 필요가 없는 것들을 주조할 때 주로 쓰이지요. 미국 동전 중 하나인 '페니'는 아연으로 만들어요. 1페니를 만드는 데 필요한 구리의 값이 1페니보다 비싸지자 구리 대신 아연을 쓰기 시작했답니다.

Ga 31

▶ 블루레이에 쓰이는 갈륨 질소화합물 레이저 다이오드가 빛을 내고 있다.

원소의 위치

갈륨

80번 원소인 수은과 55번 원소인 세슘처럼 갈륨은 녹는점이 매우 낮아요. 기온이 영하인 알래스카에서 조차 갈륨은 우리 손의 체온만으로 녹아내린답니다. 손으로 갈륨을 녹이는 일은 독특한 경험이지만, 두 번 다시 하고 싶지는 않을 거예요. 왜냐하면 피부를 흙갈색으로 물들이거든요. 갈륨을 가지고 놀고 싶다면 비닐 속에 보관하는 게 가장 좋아요.

Ge 32

◀ 녹은 저마늄이 식으면서 만들어진 결정체

원소의 위치

저마늄

저마늄은 1869년, 드미트리 멘델레예프가 존재를 예상해 주기율표에 빈칸을 그려 놓은 지 20년이 지나서야 발견된 원소예요. 화학자 클레멘스 빙클러가 발견했지요. 빙클러는 조국 독일의 라틴어 이름인 '게르마니아'를 따서 새 원소에 저마늄(게르마늄)이라는 이름을 붙였어요. 컴퓨터 칩은 대부분 14번 원소인 규소로 만들지만, 가장 빠른 컴퓨터는 저마늄으로 만든 칩을 쓴답니다.

As 33

▶ 비소로 만드는 안료인 '패리스 그린'은 벽지의 도료뿐만 아니라 쥐약으로도 유용하게 쓰인다.

원소의 위치

비소

패리스 그린이라 불리는 혼합물 비소는 보통 살충제와 쥐약으로 쓰여요. 19세기 영국에서는 벽지의 예쁜 색을 내는 도료로도 쓰였지요. 그러나 불운하게도 영국에는 겨울에 비가 많이 오기 때문에 벽지에서 곰팡이가 피며 비소 성분을 독성 가스로 바꾸었어요. 사람들은 자꾸 몸이 아프자 야외활동을 많이 하거나 건조한 지역으로 이사했고, 습한 날씨는 건강에 좋지 않다고 생각하게 되었어요. 사실 당연한 결과예요. 우리도 벽지 때문에 자꾸 병이 든다면 야외로 나가자고 생각하게 될 테니까요.

Se 34

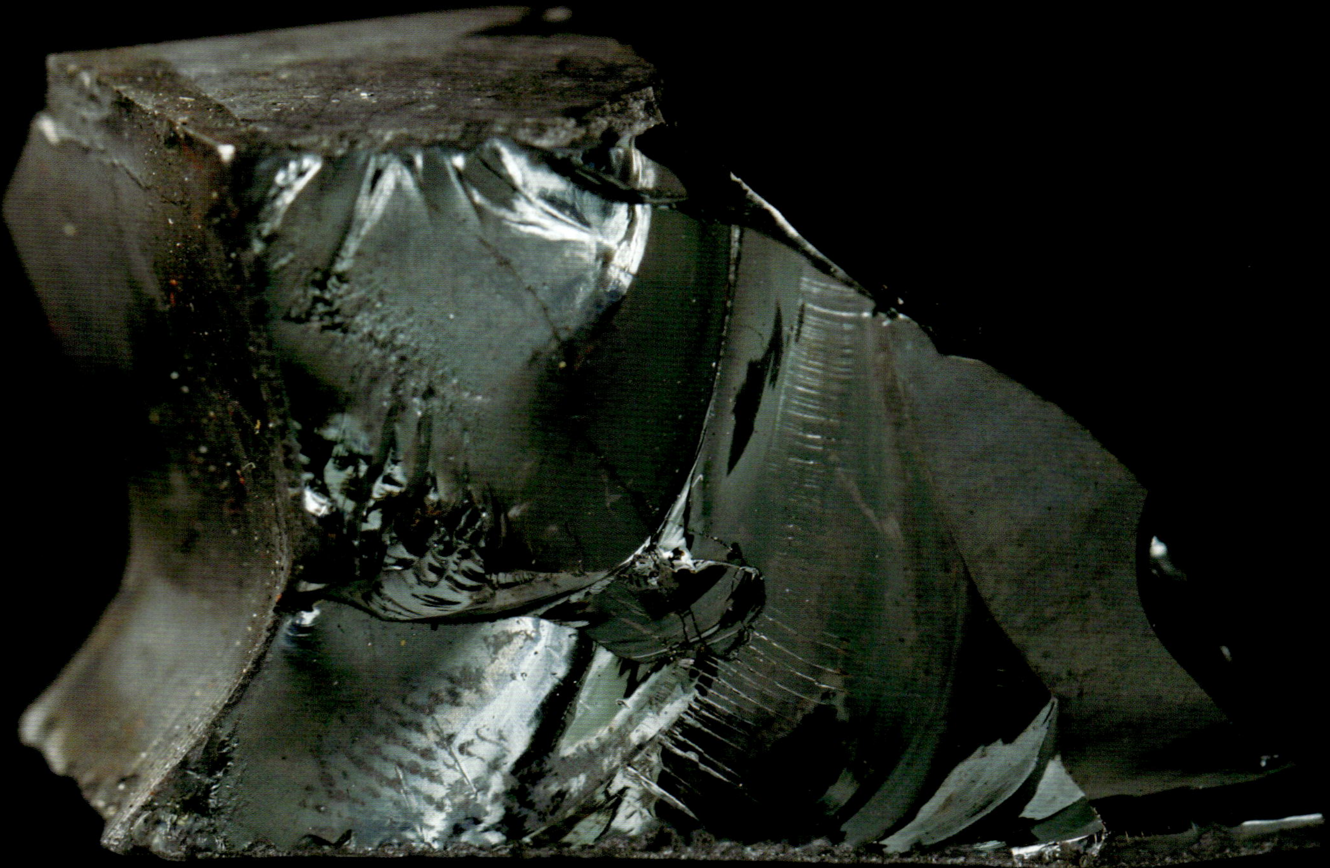

◀ 순수한 셀레늄의 결정. 조금 깨져 있다.

셀레늄

전기의 흐름을 막았다 열었다 변화를 주면 셀레늄이 빛에 반응하도록 만들 수 있어요. 레이저 프린터에는 셀레늄으로 코팅된 원통이 있지요. 표면에 미세한 검은 가루가 묻어 있는 이 원통은 흐르지 않고 한자리에 멈춰 있는 '정전하'로 충전되어 있어요. 이미지가 밝은 곳에서는 셀레늄이 전도체가 되면서 정전하가 빠져나가게 되지요. 검은 가루는 정전하가 남아 있는 곳에만 붙어 있다가 원통에 눌린 종이에 묻어나게 된답니다. 그래서 이미지의 색이 어두울수록 프린터 출력물도 어둡게 인쇄되는 거예요.

Br 35

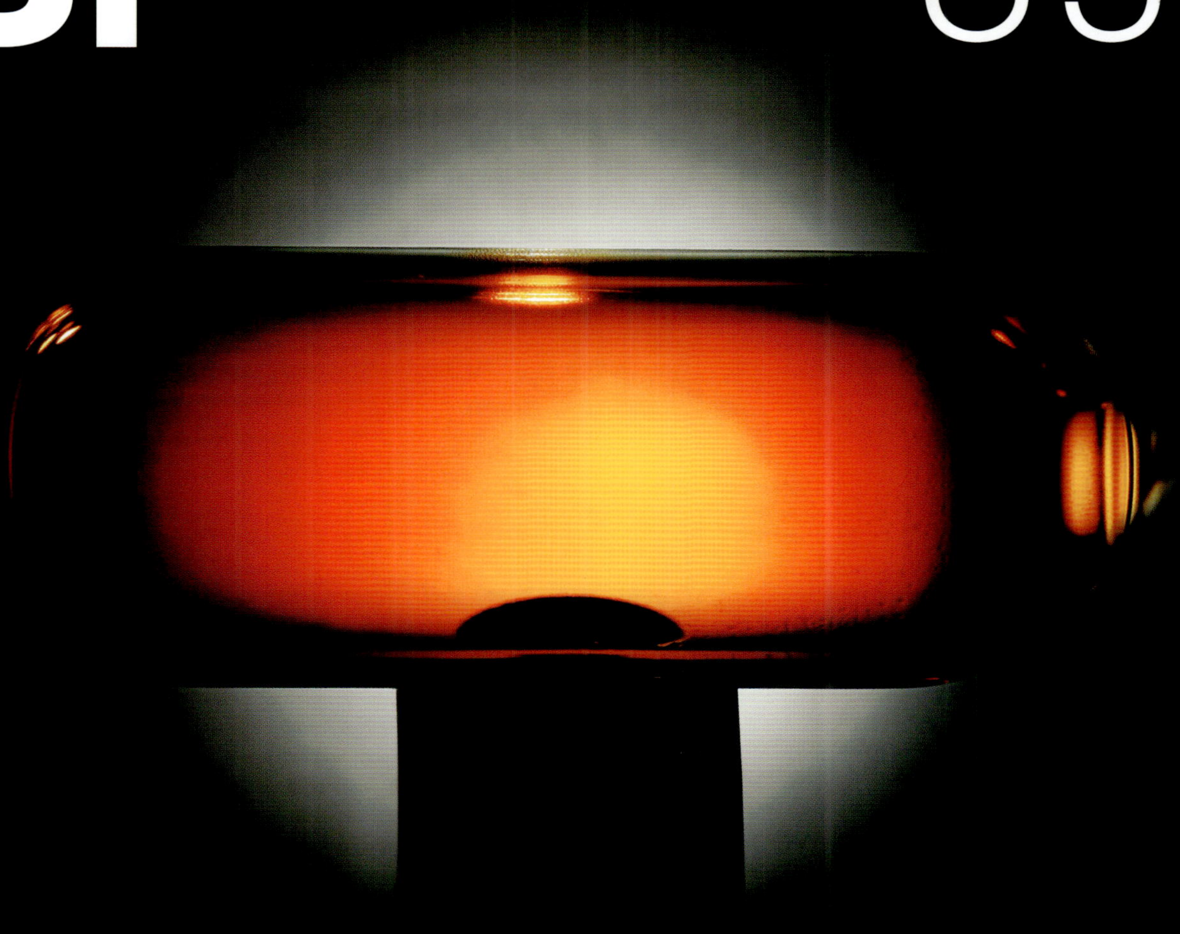

▶ 브로민은 실온에서는 액체 상태였다가도 진한 적보라색 기체로 빠르게 증발해 버린다.

실온에서 액체인 원소는 딱 두 가지예요. 브로민과 80번 원소 수은이지요. 그러나 브로민의 끓는점은 너무 낮기 때문에, 우리가 편히 생활하는 온도인 상온에서조차 1분도 되지 않아 적보라색 기체로 증발해 버린답니다. 주기율표의 윗자리를 차지한 17번 염소처럼 브로민 기체도 냄새가 고약하고 폐를 망가뜨려요. 브로민 기체를 잘못 마시면 죽을 수도 있답니다.

브로민

Kr 36

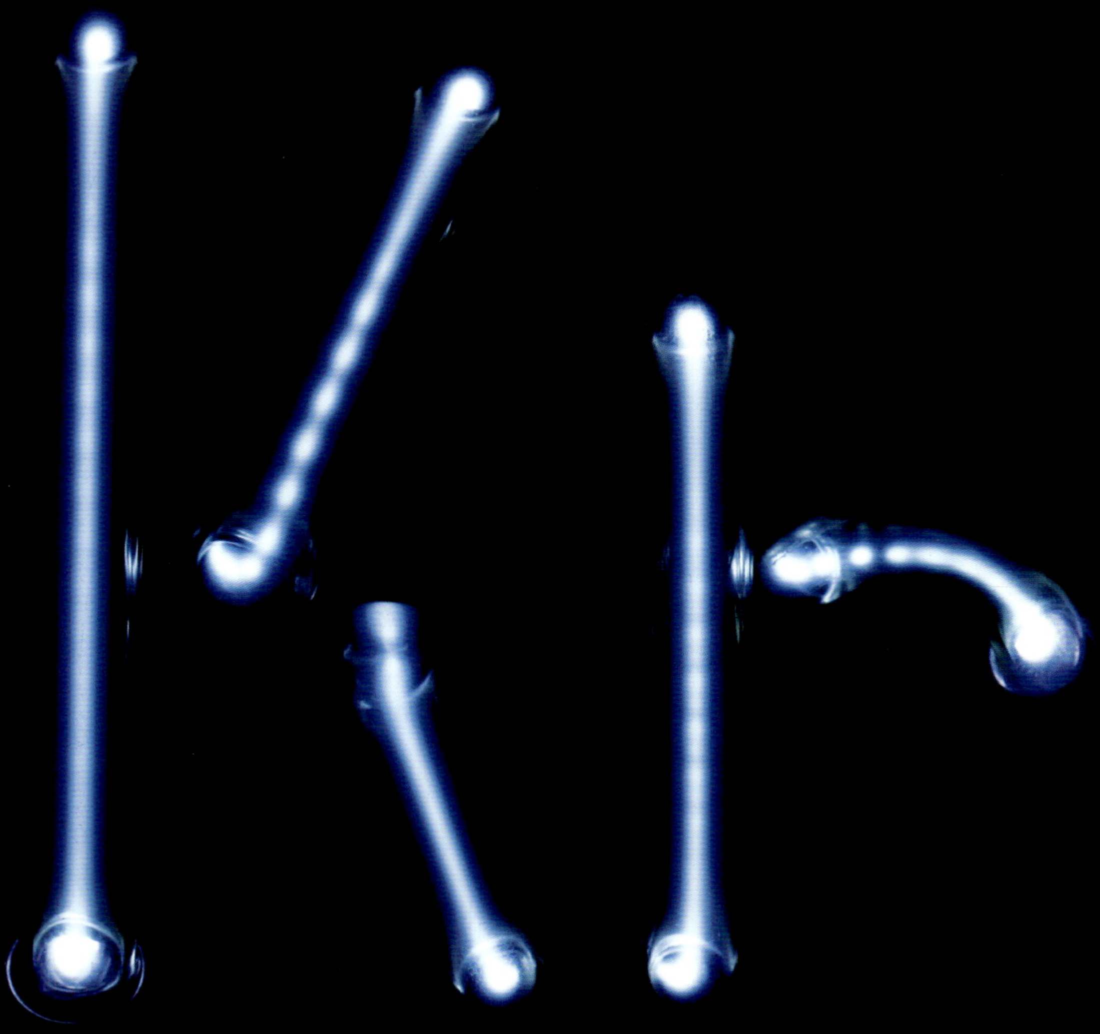

◀ 다른 비활성 기체와 마찬가지로 크립톤도 전류가 흐르면 빛난다. 크립톤이 띠는 색은 인쇄 잉크로 나타낼 수 있는 범위를 넘어서기 때문에, 이 사진 속의 색은 실제 색이 아니라 인쇄로 보여 줄 수 있는 최대한 비슷한 색이다.

원소의 위치

크립톤

크립톤도 비활성 기체 친구들처럼 다른 원소와 결합하지 않아요. 비활성 기체의 이런 성질은 무언가를 보호하는 데 아주 유용하답니다. 적은 양의 전기로도 밝은 빛을 낼 수 있는 특수한 백열전구는 크립톤으로 채워져 있어요. 크립톤 기체는 전구의 빛을 내는 부분인 텅스텐 필라멘트가 증발하는 걸 막아서 전구가 높은 온도에서도 오래 작동할 수 있도록 해 준답니다. 이젠 LED 전구가 훨씬 더 많이 쓰이기 때문에 이 능력은 그다지 중요하지 않게 되었지만요.

Rb 37

▶ 루비듐 시계 전지. 가로 길이가 3센티미터도 안 되는 이 작은 직육면체 안에 루비듐 증기 전지, 열선, 송수신 안테나가 모두 들어 있다.

루비듐은 루비와 관련이 없지만, 둘 다 '빨강'을 뜻하는 라틴어에서 이름을 따왔어요. 루비듐 자체는 붉은색이 아니지만 방출 스펙트럼이 붉은색 선으로 나타나기 때문에 그런 이름이 붙었답니다. 방출 스펙트럼은 원소가 열을 받았을 때 내는 빛의 폭을 말해요. 각 원소는 고유한 스펙트럼이 있지요. 루비듐의 쓰임새는 아주 적은데 그중 하나는 불꽃놀이에서 보라색을 내는 역할이에요.

루비듐

Sr 38

◀ 순수한 스트론튬 덩어리는 미네랄오일에 넣어 공기와 완전히 만나지 못하는 상태로 보관해도 약간은 산화된다.

원소의 위치

스트론튬

원자폭탄이 터지고 난 후 땅으로 떨어지는 '낙진'에는 방사성 동위원소 스트론튬-90이 들어 있어요. 하지만 이 동위원소는 스트론튬 집안의 말썽꾸러기예요. 사실 일반적인 스트론튬은 방사능이 전혀 없답니다. 스트론튬과 17번 염소가 결합한 염화스트론튬은 치약의 재료로 쓰여요.

Y 39

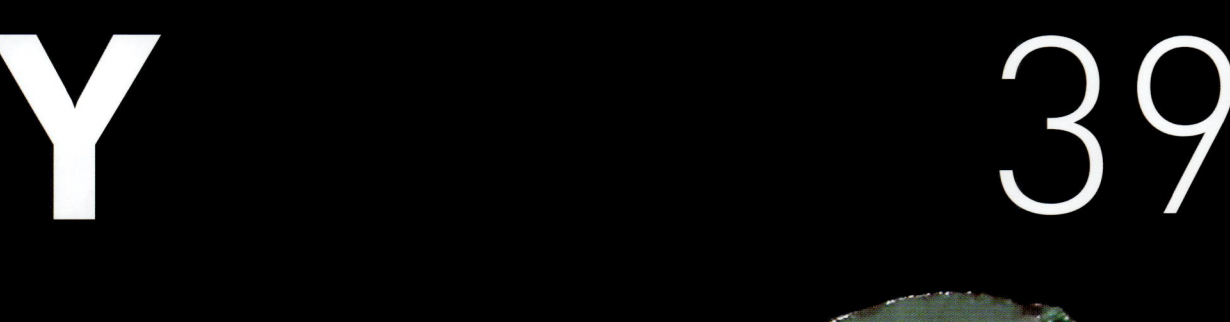

▶ 레이저에 쓰이는 이트륨 알루미늄 석류석(YAG) 결정

원소의 위치

이트륨 바륨 구리 산화물(YBCO)을 액화질소로 차갑게 식히면 초전도체로 변해요. 이 판 위에 자석을 놓으면 자석은 판에서 약 0.7센티미터 떨어진 높이에 멈춘 채 온종일 공중에 떠 있답니다. 아주 재미있는 모습이지요.

이트륨

Zr 40

◀ 지르코늄 산화물 결정인 '큐빅 지르코니아'는 다이아몬드의 모조품뿐만 아니라 중요한 연마재로도 쓰인다. 사진 속의 납작한 바퀴는 지르코늄 산화제로 이루어진 연마재로, 용접공들이 주로 사용한다.

원소의 위치

지르코늄

지르코늄은 강하고 단단한 금속이에요. 지르코늄 산화물은 숫돌, 석유 시추공을 파는 굴착 장치용 바퀴, 비포장도로용 자전거를 다듬는 연마재로 쓰인답니다. 이런 강인함 안에는 부드러운 면도 있어요. 어른들이 흔히 '큐빅'이라고 부르는 큐빅 지르코니아는 약혼 반지 같은 다양한 장신구에 다이아몬드 대신 쓰여요.

Nb 41

▶ 순도가 높은 나이오븀 결정으로 만든 덩어리

나이오븀은 고대 그리스의 신인 제우스의 손녀 '니오베'에서 따온 이름이에요. 나이오븀 합금은 아주 높은 온도에서도 쉽사리 망가지지 않기 때문에 로켓의 노즐(기체나 액체가 뿜어 나오는 곳)을 만들 때 쓰여요. 나이오븀에 전기를 통하면 산화되면서 표면에 아름다운 무지갯빛이 생겨나기 때문에 보석이나 동전을 만드는 데도 쓰인답니다.

나이오븀

Mo 42

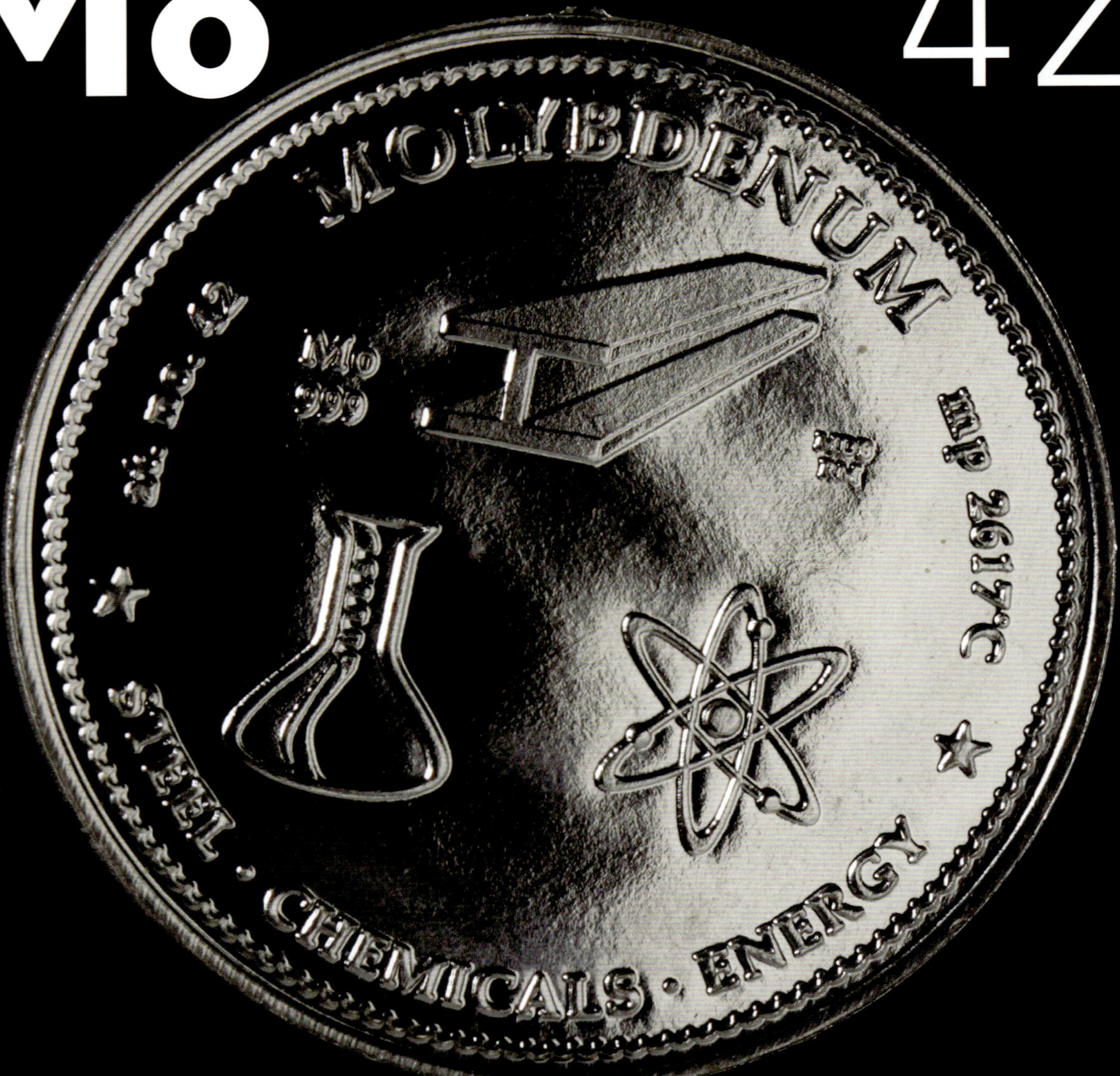

◀ 몰리브데넘은 동전으로는 거의 쓰이지 않는다. 이 동전 모양 메달은 몰리브데넘 광산을 기념해 만들어진 것이다.

원소의 위치

몰리브데넘

몰리브데넘은 오직 공업용으로만 쓰는 금속이에요. 고속 강철 공구에 쓰이는 강철 합금을 더 튼튼하게 만들고 열에 잘 이겨낼 수 있도록 해 주는 역할을 해요.

Tc 43

▶ 구리 지지판 위에 순수한 테크네튬을 아주 얇게 전기 도금한 것이다.

원소의 위치

테크네튬

테크네튬은 주기율표에서 가장 안정된, 딱 중간에 위치한 방사성 원소예요. 자연이 아닌 사람이 인공적으로 만들어 낸 첫 번째 원소기 때문에 '기술'이라는 의미의 단어 '테크'를 딴 이름이 붙었지요. 다시 말해 테크네튬은 기술을 통해서만 만들 수 있어요. 다만 광석 안에서 아주 미세한 양이 나오는 경우도 있지만요.

Ru 44

◀ 아주 새빨간 염화루테늄

원소의 위치

루테늄

루테늄은 78번 백금과 비슷한 금속이에요. 우리 주변에서도 어두운 회색빛을 띠도록 얇게 도금한 루테늄 장신구를 쉽게 찾아볼 수 있답니다.

Rh 45

▶ 은박지나 알루미늄 포일처럼 아주 얇은 박 형태로 만든 로듐. 찢어진 부분을 보면 내부의 도톨도톨한 구조가 보인다.

로듐은 굉장히 반짝반짝 빛나는 금속이에요. 마치 47번 은이나 78번 백금으로 만들어진 것처럼 보이는 장신구 중에도 실제로는 로듐으로 도금된 것이 많답니다. 왜냐하면 고작 1마이크로미터(100만 분의 1미터) 두께로 도금만 해도 로듐은 이 세상 어느 백금보다 더 반짝이거든요.

로듐

Pd 46

◀ 순수한 팔라듐 조각. 정말 아름답다.

팔라듐

팔라듐은 놀랍게도 1번 수소 기체를 흡수하는 능력이 있어요. 팔라듐 덩어리는 자기 부피의 900배나 되는 수소 기체를 빨아들인답니다. 이렇게 흡수된 수소 기체는 팔라듐 원자가 이룬 격자 모양 구조의 사이로 들어가요. 만약 팔라듐 가격이 금만큼이나 비싸지 않았다면, 수소 차의 탱크에 수소를 보관하는 재료로 쓰였을 거예요.

Ag 47

▶ 알렉산더 대왕의 이름이 새겨진 고대 그리스의 4드라크마짜리 은화. 기원전 261년에 만들어진 이 은화는 아주 오래 되었지만 아직도 주변에서 쉽게 찾을 수 있다. 아무도 동전을 버리지 않기 때문이다.

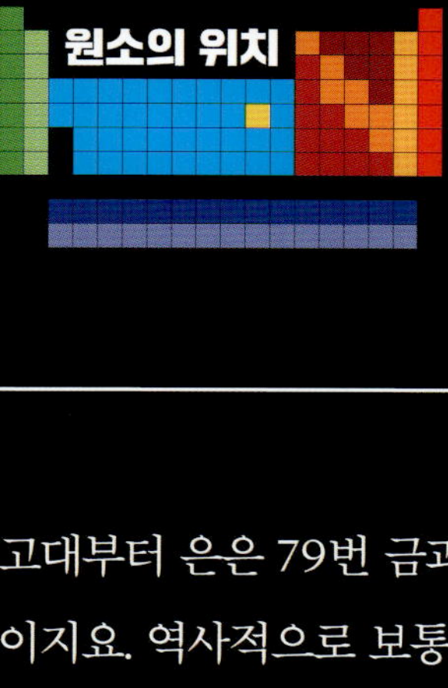

원소의 위치

은

고대부터 은은 79번 금과 나란히 부와 영광의 상징이었어요. 은이 금보다 값어치가 떨어지긴 하지만 말이지요. 역사적으로 보통 은은 금의 20분의 1 가격이었지만 20세기에는 100분의 1까지 떨어졌어요. 동전을 만드는 데 쓰기에는 금이 너무 비쌌기 때문에 은은 거의 3,000년 동안 동전의 재료로 쓰였답니다.

Cd 48

◀ 지은이가 재미삼아 만든 카드뮴 물고기

카드뮴

카드뮴은 니켈-카드뮴 전지로 가장 유명해요. 하지만 이 전지는 더 가볍고 더 강력하면서 독성이 적은 리튬 이온 전지에게 자신의 자리를 빼앗기고 있지요. 카드뮴은 82번 납과 80번 수은처럼 환경과 우리 몸속에 쌓여 가며 오랜 시간에 걸쳐 해를 끼쳐요. 음, 카드뮴에 대해 좋은 이야기를 해 볼까요? 클로드 모네 같은 인상파 화가들은 황화카드뮴으로 만든 강렬한 색의 물감인 '카드뮴 옐로우'를 즐겨 썼답니다.

In 49

▶ 순수한 인듐은 거의 대부분 1킬로그램 무게의 직육면체 덩어리로 팔리고 있다. 사진 속에 있는 건 절반짜리다.

인듐

인듐이라는 이름은 인도나 미국의 인디애나주, 그 밖의 다른 지역의 이름과는 관계 없어요. 인듐의 존재를 사람들에게 처음 알린 스펙트럼 선의 강렬한 인디고블루색에서 나온 이름이지요. 1924년까지 순수한 인듐 덩어리는 전 세계에 단지 1그램짜리 한 덩이밖에 없었지만, 지금은 해마다 수백 톤의 인듐이 LCD 티비와 컴퓨터 모니터를 만드는 데 쓰이고 있답니다.

Sn 50

◀ 주석 병정은 보통 주석과 납의 합금으로 만든다. 하지만 사진 속의 병정은 99.99퍼센트의 순수 주석으로만 이루어져 있다.

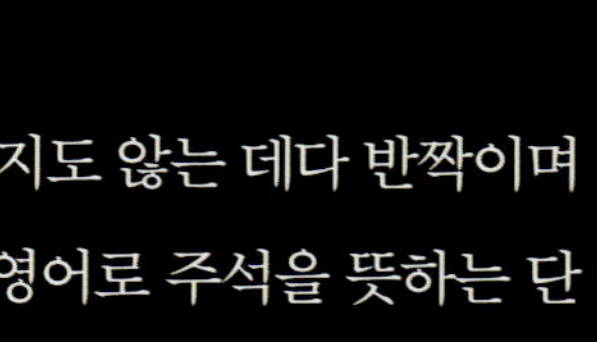

주석

주석은 아주 사랑스러운 원소예요. 완벽할 정도로 독성이 없고 영원히 색이 바뀌지도 않는 데다 반짝이며 잘 녹아 아주 작고 정교하게 다듬기도 쉽거든요. 게다가 가격도 비싸지 않아요. 영어로 주석을 뜻하는 단어인 '틴(tin)'은 얇은 금속판을 일컫는 말로도 쓰인답니다.

Sb 51

▶ 아름다운 결정체를 이루고 있는 안티모니

원소의 위치

안티모니는 준금속이에요. 겉으로 보기에는 분명 금속이지만 다른 금속보다 깨지기 쉬워요. 하지만 납에 안티모니를 섞으면 납이 더 단단해지지요. 납과 주석과 안티모니를 정확한 비율로 섞으면 굳을 때 조금 부풀어 오르기 때문에 모양을 만들기 쉬워져요. 반면 대부분의 금속은 액체에서 고체로 굳을 때 부피가 상당히 줄어들기 때문에 구멍 없이 깔끔하게 형태를 매만지기 위해서는 여러 가지 방법이 필요하답니다.

안티모니

Te 52

◀ 텔루륨이 녹았다 굳으면서 원판 표면에 만들어 낸 아름다운 결정체

원소의 위치

텔루륨

텔루륨은 아주 적은 양이라도 한 번 꺼내면 몇 주 동안 마늘 냄새가 사라지지 않아요. 지독한 냄새가 나는 데다 모든 원소 중 가장 희귀하지만, 텔루륨 아산화물은 여러 번 다시 덧쓸 수 있는 DVD-RW나 고화질의 영상을 담을 수 있는 블루레이 디스크를 코팅하는 데 널리 쓰여요. 태양전지와 메모리칩에도 텔루륨이 들어 있답니다.

I 53

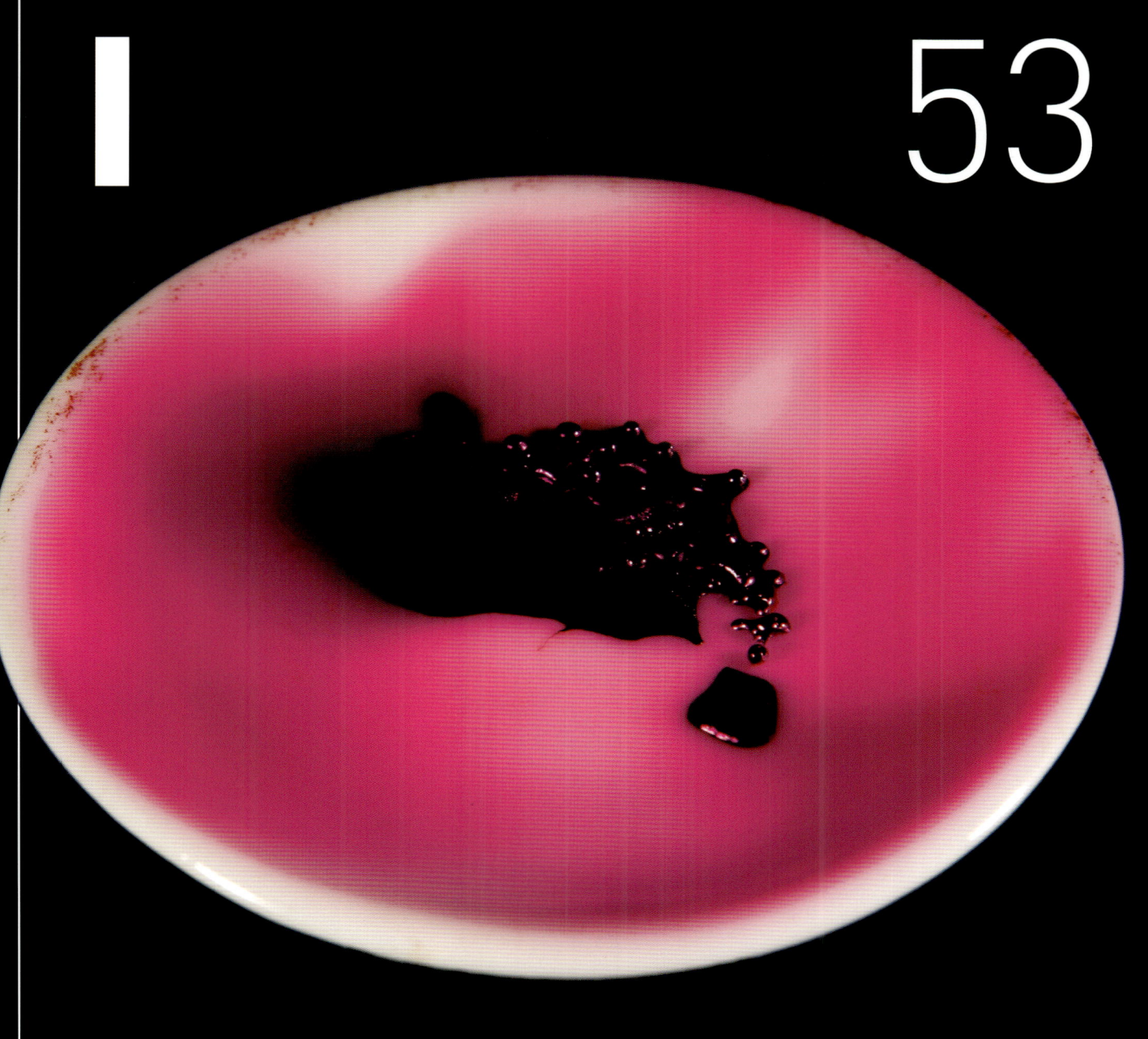

▶ 아이오딘은 열을 받으면 아름다운 보라색 수증기로 증발한다. 사진의 접시 밑에 열을 내는 장치가 있다.

원소의 위치

아이오딘은 할로겐 원소 가운데 가장 부드러운 원소로 꼽혀요. 예전에는 살충제로 쓰였지요. 상온에서는 고체지만 살짝만 열을 받아도 녹아 버려요. 계속 열을 받으면 아름답지만 위험한 보라색 수증기로 증발한답니다.

아이오딘

Xe 54

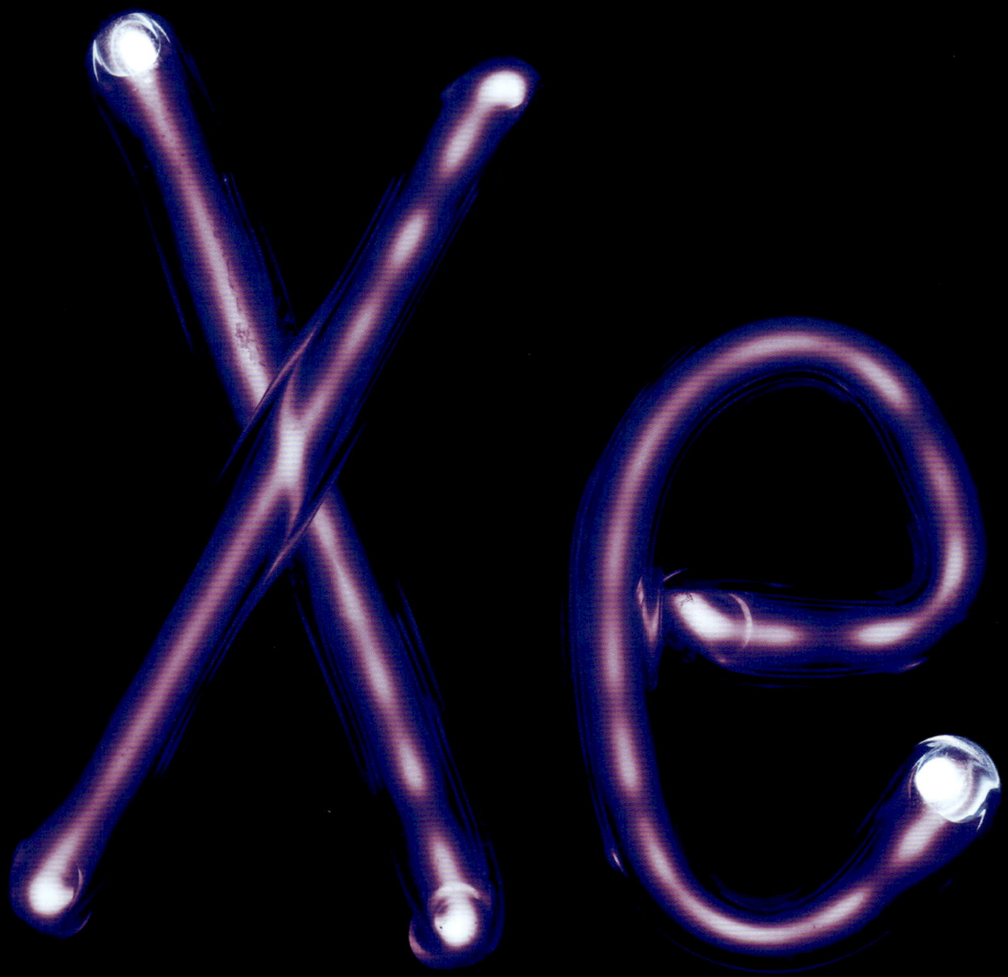

◀ 제논 기체를 채우고 전류를 흘려보낸 튜브가 아름다운 보라색으로 빛나고 있다.

원소의 위치

제논

제논 기체는 열전도율이 낮기 때문에 아이맥스 영화 영사기(영화를 스크린에 비추는 기계_옮긴이 주)에 쓰여요. 환상적으로 밝은 제논 아크등으로 엄청난 크기의 화면을 만들어 내지요. 높은 압력의 제논으로 채워져 있는 전구는 폭발 위험이 있기 때문에 특수 보호 장벽 안에 보관해야 해요. 또 방호복을 입은 전문가들만 다룰 수 있답니다.

Cs 55

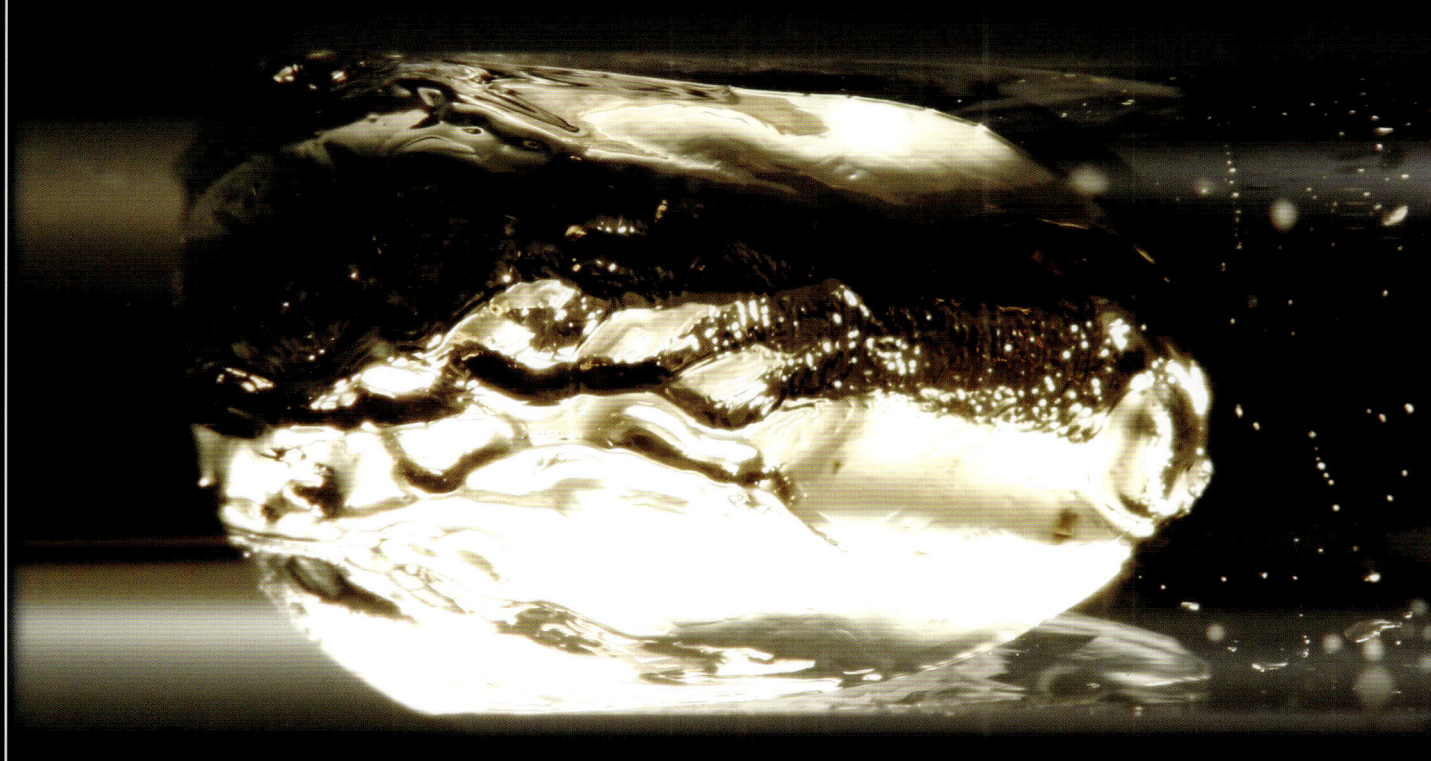

▶ 세슘이 든 작은 병을 잠시 손에 쥐고 있으면 아주 아름다운 금빛 액체로 변하면서 세슘이 녹는다. 병이 손에서 깨지면 기분 나쁜 불꽃이 일어난다.

세슘

세슘은 모든 알칼리 금속 가운데 가장 반응성이 높아요. 세슘 한 조각을 물에 떨어뜨리면 물방울이 사방으로 튀면서 바로 폭발해 버리지요. 하지만 세슘이 알칼리 금속 중에서 가장 큰 폭발을 일으키는 건 아니에요. 또 다른 알칼리 금속인 11번 소듐을 호수에 던지면 훨씬 더 큰 폭발이 일어난답니다. 세슘이 가장 크게 활약하는 곳은 세상에서 가장 정확하다고 알려져 있는 세슘시계예요.

Ba 56

◀ 페루 우앙카벨리카 광산에서 캐낸 중정석 광물. 중정석은 황산바륨으로 이루어져 있다.

바륨

바륨은 그리스어로 '무겁다'는 뜻이에요. 하지만 순수한 바륨은 특별히 무겁지 않답니다. 실제로 가장 가볍다는 22번 타이타늄보다도 밀도가 낮지요. 하지만 바륨 혼합물은 밀도가 높기 때문에 여러 곳에 쓰여요. 황산바륨은 엑스선이 통과할 수 없기 때문에, 황산바륨을 마시고 엑스선 사진을 찍으면 소화기관의 모습을 생생하게 볼 수 있답니다.

La

57

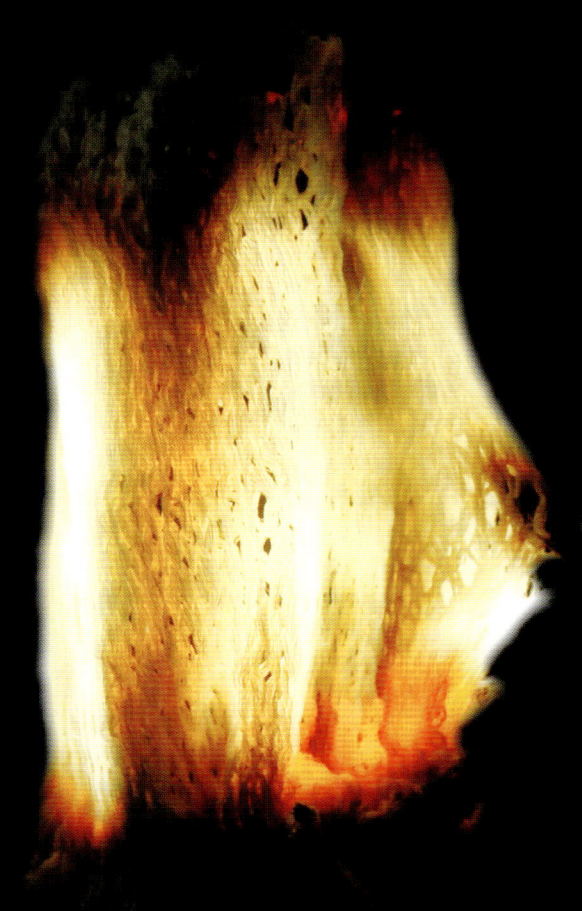

▶ 순수한 란타넘으로 이루어진 주괴. 주괴는 작업하기 편한 형태로 틀에 떠 굳힌 덩어리를 말한다.

원소의 위치

란타넘

란타넘은 주기율표 아래에 두 줄로 표기된 원소들 중 위 줄 첫 번째 원소예요. 란타넘족 희토류 원소 가운데 하나지요. 란타넘은 희토류 중에서 가장 많이 발견되는 원소에 속해요. 사실 희토류는 이름만큼 그렇게 희귀하진 않아요. 란타넘은 아주 낮은 온도에서도 불이 붙기 때문에 26번 철과 결합해 라이터 부싯돌로 쓰이는 경우가 많아요. 엄지손가락에 힘을 주어 부싯돌을 마찰시키면 불꽃이 일어나지요.

Ce 58

◀ 지름이 1.5센티미터나 되는 커다란 세륨, 란타넘, 철 합금 막대. 칼로 문지르면 강한 불꽃을 내기 때문에 라이터 부싯돌로 쓰인다.

원소의 위치

세륨

세륨은 마찰을 일으키거나 갈면 불이 붙는 금속이에요. 이런 특성을 '자연 발화성'이라고 하지요. 자연적으로 불이 붙기 쉽다는 뜻이에요. 그러나 금속 전체 덩어리에 불이 붙지는 않아요. 대신 마찰해서 떨어져 나온 조각들이 불이 붙기 쉬운 성질을 띠기 때문에 쉽게 타오르는 거랍니다. 그렇기 때문에 라이터 부싯돌로 쓰여요. 부싯돌을 마찰하면 불꽃이 튀면서 라이터의 연료에 불이 붙어 타오르지요.

Pr 59

▶ 순수한 프라세오디뮴 덩어리. 조금 산화되었다.

프라세오디뮴은 디디뮴 안경이라는 특수한 보안경을 만들 때 쓰여요. 소다석회 유리를 만들 때 매우 밝은 소듐 스펙트럼으로부터 눈을 보호하는 안경이지요. 프라세오디뮴은 소듐에서 나오는 노란색 빛을 차단해요. 그래서 보안경을 쓴 기술자는 유리 재료를 녹이는 불꽃의 어스름한 푸른색 빛만 볼 수 있답니다. 안경을 벗는 순간, 강한 노란색 빛이 눈을 찌를 거예요.

프라세오디뮴

Nd 60

◀ 별다른 연결 고리 없이도 떨어지지 않을 만큼 자력이 강한 네오디뮴 자석 팔찌

네오디뮴

네오디뮴과 철, 플루오린의 합금으로 만들어진 네오디뮴 자석은 한번 만들면 언제까지고 사용할 수 있을 만큼 자기력이 아주 강해요. 자석의 힘이 너무 강력하기 때문에 두 개 이상 가지고 있으면 위험할 정도랍니다. 이 자석들은 30센티미터 이상 떨어져 있어도 서로 들러붙어요. 둘 사이에 여러분의 손가락이 끼었다면 하늘의 도움을 바라지 말고 병원에 가세요!

Pm 61

▶ 다이빙용 시계를 만들고 남은 재료로 다듬은 야광 프로메튬 단추

프로메튬은 주기율표에서 83번 비스무트 아래에 있는, 안정적이지 않은 두 원소 중 하나예요. 다른 하나는 43번 테크네튬이지요. 프로메튬은 한때 황산아연과 섞어서 야광 다이얼이나 인광성 물질을 만드는 데 쓰였어요. 하지만 이 제품들은 거의 남아 있지 않고, 남은 제품도 더 이상 쓰이지 않는답니다.

프로메튬

Sm 62

◀ 순수한 사마륨으로 만든 동전. 세상에 존재하는 거의 모든 원소로 만든 기념 동전 시리즈 중 하나다.

원소의 위치

사마륨

사마륨은 사마스카이트라는 광물을 따서 붙여진 이름이에요. 사마스카이트는 가장 처음 발견한 러시아인 사마스키 비코베츠의 이름을 땄지요. 사마륨은 106번 시보귬, 118번 오가네손과 더불어 지금도 살아 있는 사람의 이름을 따른 원소예요. 하지만 시보귬과 달리 직접 그 사람을 기리기 위해서 지은 이름은 아니랍니다. 그저 이름만 따왔을 뿐이지요.

Eu 63

▶ 순수한 유로퓸은 기름 속에 저장해도 시간이 지나면 산화된다.

유로퓸은 유럽대륙의 이름을 딴 거예요. 유로퓸은 자성이 아니라 광도(빛의 밝기에 등급을 매긴 것)를 이용하기 때문에 다른 희토류에 비해 주변에서 찾아보기 어려워요. 예를 들어 유로퓸은 강한 빛을 아주 짧게라도 받으면 몇 분 동안 밝게 빛나지요. 대부분 몇 시간 동안 희미하게 빛을 낼 수 있는 인광성 안료를 만드는 데 쓴답니다.

유로퓸

Gd 64

◀ 가돌리늄의 정보를 새겨 넣은 동전. 이렇게도 할 수 있다는 것을 보여 주는 것 외에 다른 의미나 쓰임새는 없다.

원소의 위치

가돌리늄

가돌리늄은 주로 자기공명영상(MRI)을 찍을 때 몸속 장기를 더 선명하게 보여 주는 조영제로 쓰여요. 자기공명영상이란 강한 자기장과 전류를 사용해 찾고자 하는 원자가 몸속 어디에 있는지 관찰하는 기계를 말해요. 이때 가돌리늄을 혈관에 집어넣으면 가돌리늄의 독특한 자성 때문에 혈액, 즉 피가 어디서 어떻게 흐르는지 쉽게 볼 수 있답니다. 이렇게 하면 혈관이 서로 달라붙은 부분을 발견할 수 있어요. 이런 부분은 종양일 수 있거든요.

Tb 65

▶ 터븀이 들어 있는 붉은색 유리. 눈물방울 같은 생김새가 아주 멋지다.

터븀은 자기장 안에서 모습이 변하는 성질이 있어요. '터페놀'이라는 터븀 합금 막대는 자기장의 힘에 따라서 더 길어지거나 짧아지지요. 길이가 변하는 동안 무언가가 방해하면 막대는 큰 힘으로 방해물을 밀어내요. 터페놀 막대에 소리를 크게 키우는 증폭기를 달면 창문이나 테이블 상판 같은 단단한 물체를 스피커로 바꿀 수 있답니다. 터페놀 막대가 물체를 밀어내는 힘 때문에 물체가 진동하며 소리를 내기 때문이지요.

터븀

Dy 66

◀ 나뭇가지 모양의 순수한 디스프로슘 결정. 이런 모양을 덴드라이트라고 부른다.

디스프로슘

디스프로슘은 '접근하기 어려운'이라는 뜻을 가진 그리스어 디스프로지토스에서 유래했어요. 이 이름처럼 응용 분야가 많지는 않은 것 같아요. 그래도 아예 쓸모없는 건 아니랍니다. 예를 들어 디스프로슘 요오드화물과 디스프로슘 브롬화물은 아주 강한 빛을 내는 특수한 등에서 붉은색 스펙트럼 선을 만드는 데 쓰여요. 이걸 알아내기 위해서 꽤 시간이 걸렸지요. 몇 년 지나서 이런 지식이 쓸모없어지면 저는 또 새로운 사실을 찾아나서야 할 거예요.

Ho 67

▶ 순수한 홀뮴 금속의 표면. 여러 개의 결정이 자라난 다결정 구조를 이루고 있다.

홀뮴은 '자기모멘트'라는 특수한 자성을 갖고 있어요. 이 때문에 희토류 중에서도 특히 유명하답니다. 홀뮴을 자기장 안에 넣으면, 홀뮴 원자가 자기장을 따라 줄을 맞춰 모여들면서 아주 촘촘한 자기력선을 만들어요. 그러면 매우 강한 자기장이 훨씬 더 강해진답니다.

홀뮴

Er 68

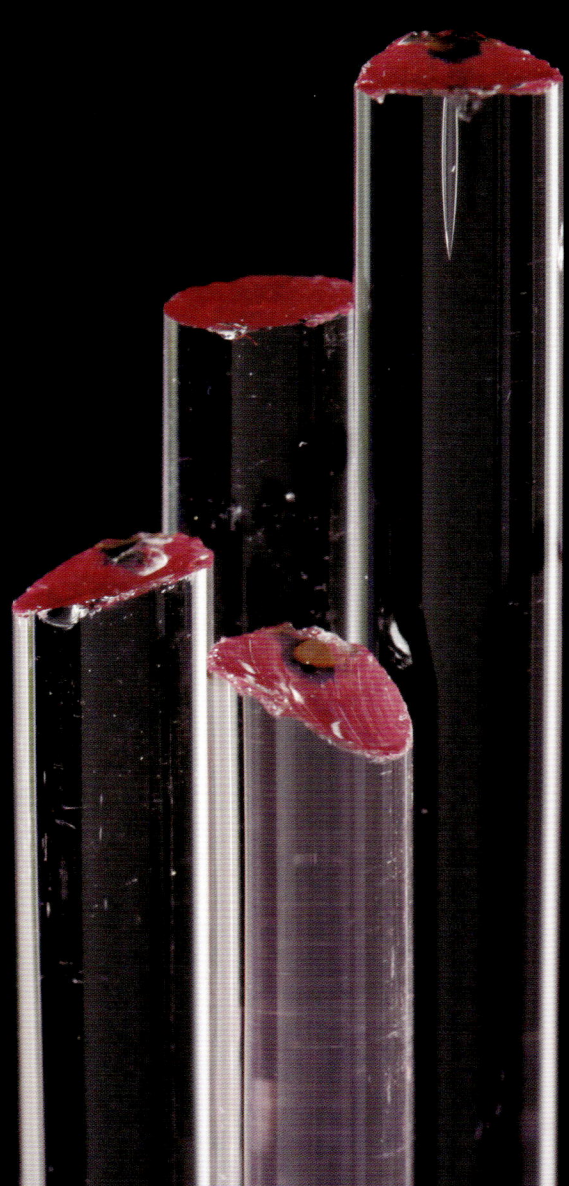

◀ 어븀 불순물 덕분에 유리 막대 안이 예쁜 분홍색을 띠고 있다.

원소의 위치

어븀

어븀은 빛을 전기신호로 바꾸지 않고도 빛의 파동을 키우는 데 도움을 줘요. 이런 성질은 아주 먼 거리로 데이터를 전달하는 고속 데이터 케이블의 광섬유에 꼭 필요하지요. 광섬유를 따라 흐르는 레이저 빛의 파동은 어븀으로 가득 차 있는 구간을 거치게 돼요. 빛은 어븀 구간을 지나면서 들어갈 때보다 훨씬 더 강해져서 나온답니다.

Tm 69

▶ 툴륨 금속이 녹아서 뭉쳐진 큰 덩어리

원소의 위치

대부분의 사람은 툴륨이라는 이름을 들어본 적도 없을 거예요. 하지만 조명 디자이너는 툴륨을 사랑한답니다. 강렬한 빛을 내는 아크등을 만들려면 넓은 범위의 녹색 스펙트럼 선이 필요해요. 이때 툴륨과 다른 원소의 혼합물을 넣으면 된답니다. 한때 제가 그랬던 것처럼, 만약 우리가 툴륨을 무시한다면 조명 산업에서 일하는 사람들이 슬퍼할 거예요.

툴륨

Yb 70

◀ 주로 이터븀으로 이루어진 광물인 제노타임(인산이트륨광)

원소의 위치

이터븀

이터븀은 39번 이트륨, 65번 터븀, 68번 어븀과 함께 스웨덴의 이테르비 마을의 이름을 땄어요. 주로 레이저에 쓰이지요.

Lu 71

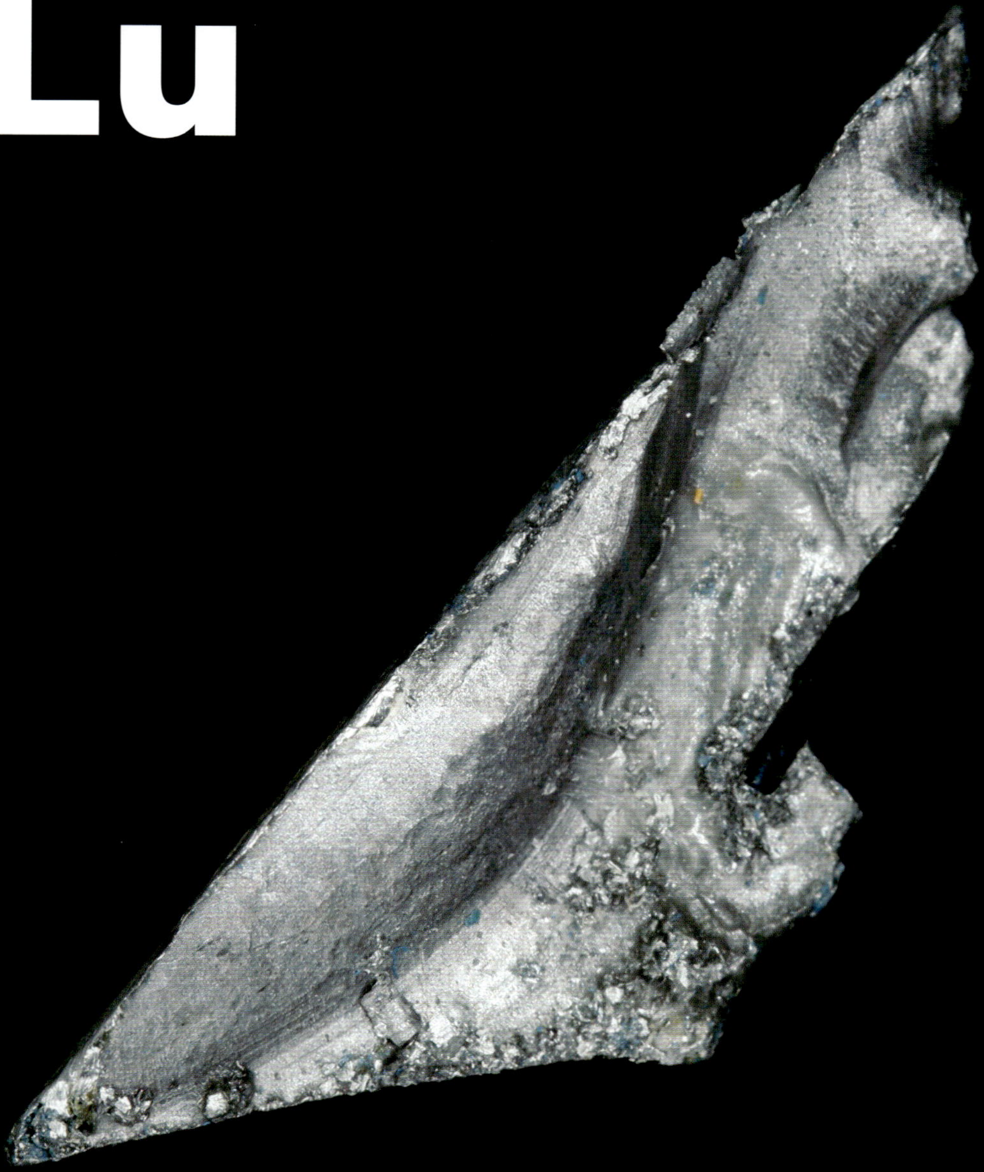

▶ 순수한 루테튬의 단면

희토류의 마지막 원소인 루테튬에 대해서는 이야기할 게 많지 않아요. 란타넘족 원소에서 가장 단단한 것 가운데 하나라는 정도지요. 상업적으로는 별로 쓸데가 없기 때문에 소비자 대부분이 저 같은 원소 수집가라는 것도 추가할게요.

Hf 72

◀ 순도가 매우 높은 하프늄 결정

원소의 위치

하프늄

하프늄은 녹는점이 아주 높고 매우 높은 온도에서도 상하지 않아요. 그래서 탄화하프늄 형태로 바꿔 강철을 자르는 공구를 만든답니다.

Ta 73

▶ 오래된 탄탈럼 필라멘트 전구

원소의 위치

탄탈럼

탄탈럼도 굉장히 낯선 원소일 거예요. 하지만 이름이 잘 알려지지 않았을 뿐, 사용되는 곳이 아주 많지요. 탄탈럼은 휴대전화와 컴퓨터에서 의료장비와 말하는 인형까지 많은 전기 장치의 고주파(아주 빠르게 진동하는 파동_옮긴이 주) 소음을 빨아들여 없애는 데 쓰여요. 게다가 탄탈럼 필라멘트 전구는 탄소 필라멘트 전구보다 훨씬 안정적이기 때문에 호화 여객선 타이태닉호에도 쓰였답니다.

W 74

◀ 텅스텐 백열등의 필라멘트. 이젠 거의 과거의 유물이 되었다.

텅스텐

텅스텐과 금 사이에 있는 금속은 모두 밀도가 매우 높아요. 그중에서 텅스텐이 가장 싸고요. 텅스텐은 작은 물체를 무겁게 만들고 싶을 때 아주 유용해요. 예를 들면 다트, 자동차의 우그러진 곳을 펴기 위한 텅스텐 덩어리 같은 데 쓰이지요. 1990년대 이전에는 거의 모든 전구가 텅스텐 필라멘트를 썼어요. 하지만 텅스텐 전구는 사용하는 전기 중 거의 90퍼센트를 그대로 낭비해 버려요. 지금은 텅스텐 전구 대신 형광등이나 LED 등을 쓰고 있답니다.

Re 75

▶ 순수한 레늄 덩어리. 무게는 겨우 450그램이지만 가격이 매우 비싸다.

레늄은 안정적인 원소 중에서 마지막이에요. 대부분은 제트 전투기의 터빈 날을 만드는 니켈-철 합금에 들어가지요. 전 세계에서 1년 동안 만들어지는 레늄 가운데 약 4분의 3이 이 용도로만 쓰인답니다.

Os 76

◀ 독성이 강하기 때문에 유리병에 밀봉해 보관하는 사산화오스뮴 결정

오스뮴

오스뮴은 29번 구리와 79번 금처럼 회색이나 은색이 아닌 금속이에요. 은색처럼 보이지만 은색이 아니랍니다. 오스뮴은 엷은 파란색을 띠고 있지만 색이 너무 옅어서 파란색인지 알아보기 힘들어요. 가장 단단한 원소는 아니지만 순수 금속 중에서는 가장 단단해요. 또 모든 원소 가운데 가장 밀도가 높기도 하답니다.

Ir

▶ 이리듐은 녹이기 아주 어렵다. 사진 속의 덩어리는 반쯤만 녹아서 모양이 이상하다.

76번 오스뮴이 가장 밀도가 높은 원소기는 하지만, 두 번째로 밀도가 높은 이리듐과 겨우 0.1퍼센트 차이예요. 이리듐은 정말 비싸기 때문에 반드시 필요한 곳에 아주 적은 양만 쓰인답니다. 예를 들어 일부 고급 자동차의 점화플러그(자동차 엔진의 연료에 불을 붙이는 장치_옮긴이 주)는 작은 이리듐으로 만들어져 있어요. 이 플러그는 일반 플러그보다 훨씬 오래 쓸 수 있지요. 이리듐 플러그를 쓴 차는 일반 플러그를 쓴 차보다 16만 킬로미터 더 달릴 수 있답니다.

이리듐

Pt 78

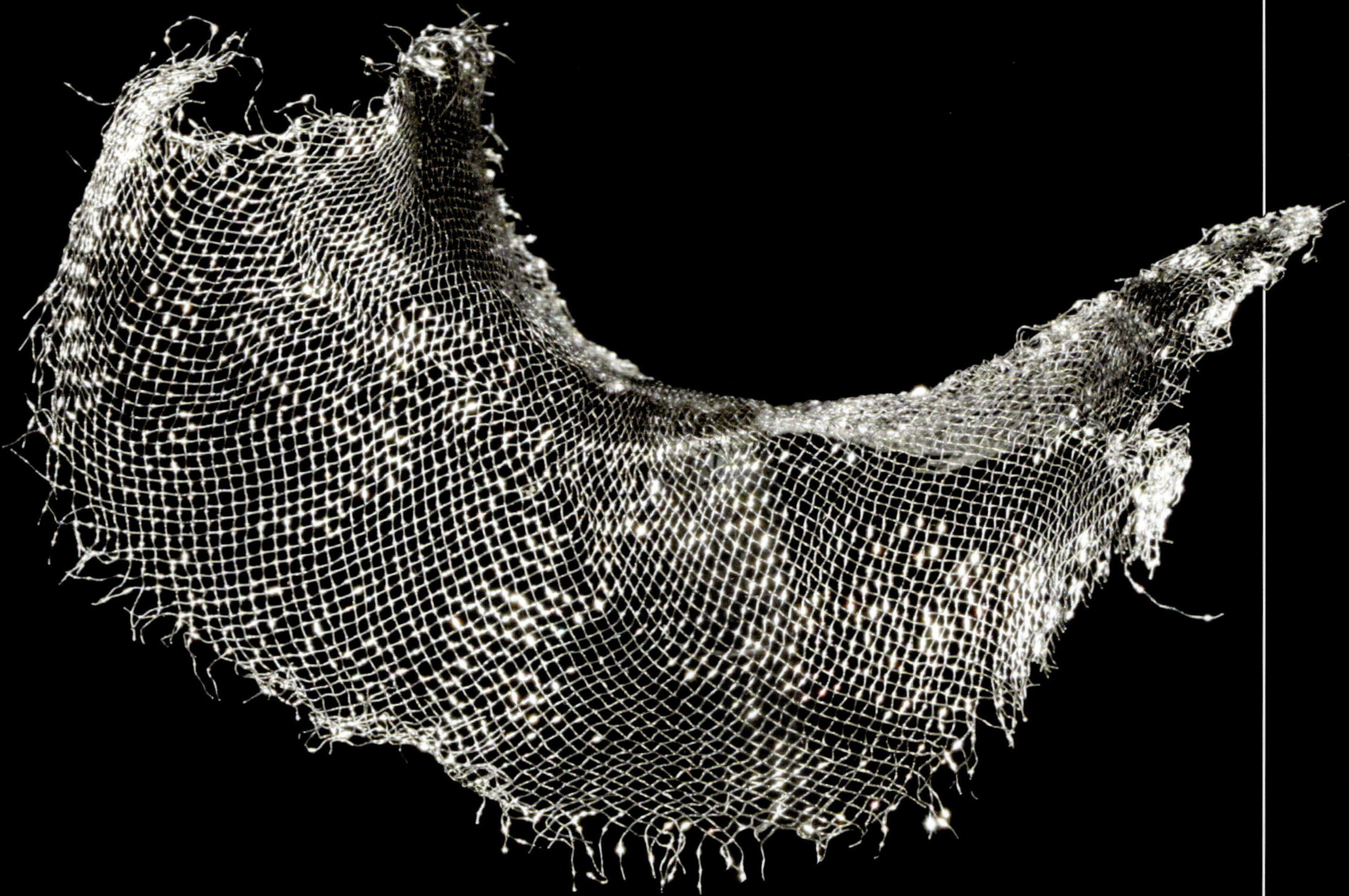

◀ 마치 방충망처럼 생겼지만 사실 순수한 백금 망이다. 실험실 작업용으로 만들었지만 캠핑에서도 많이 쓰인다.

백금

백금은 가장 존경받는 원소예요. 금도 훌륭하지만 백금의 값어치가 더 높지요. 어떤 금속보다도 강한 산과 높은 열에 잘 견딜 수 있으며 던져도 잘 깨지지 않고 얼룩도 잘 생기지 않으니까요. 지각에 묻힌 양은 백금이 다른 금속보다 많지만, 필요한 곳이 너무 많아서 가격이 매우 비싸답니다.

Au 79

이 금박은 원자 500개 두께 ~~에 되지 않는다. 너무 약해~~ ~~머리빗 끝의 정전기에도 움~~ ~~푹~~ 패일 수 있다.

금은 금속의 기준이에요. 지구에 아주 적은 양만 있기 때문에 예부터 귀했지요. 지금까지 인류가 캐낸 모든 금을 모으면 가로, 세로, 높이 각 18미터짜리 정육면체 안에 다 들어갈 정도예요. 금이 아름답다는 사실은 모두가 인정할 거예요. 모든 금속 가운데 색이 있으면서 영원히 아름답게 반짝이는 건 금밖에 없답니다. 한 다이아몬드 회사의 광고에 쓰인 "다이아몬드는 영원히"라는 말은 사실 "금은 영원히"라는 말로 바꾸는 것이 맞아요. 왜냐하면 금과 달리 다이아몬드는 열을 받으면 쉽게 부숴지기 때문이지요.

금

Hg 80

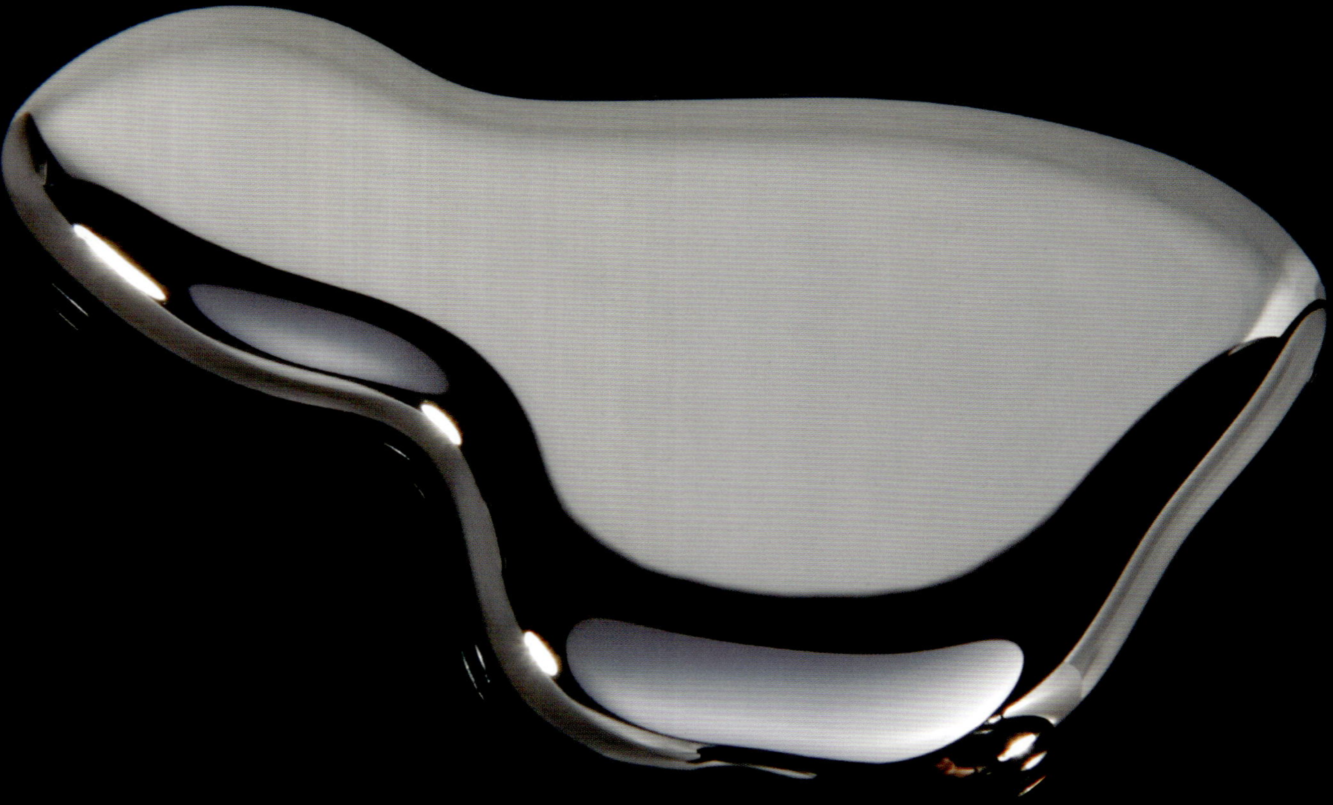

◀ 지은이가 매우 조심하며 찍은 액체 수은

원소의 위치

수은

수은은 마법과도 같아요. 상온에서 밀도가 아주 높은 액체 상태를 유지하고 있지요. 액체 수은에 몸을 담그려고 해도 단지 몇십 센티미터만 가라앉을 거예요. 단, 이 '놀이'를 실제로 하면 절대 안 돼요. 몇천 년 동안 수은을 갖고 노는 사람이 수없이 있었지만, 사실 수은은 인간의 뇌와 신경을 망가뜨리고 정신 이상을 일으켜요. 게다가 독 중에서도 가장 나쁜 종류라고 할 수 있어요. 피해를 입고서 몇 년이 지나도 눈치채지 못할 테니까요.

Tl 81

▶ 탈륨 금속 덩어리. 독성이 매우 강하기 때문에 안전하게 보관해야 한다.

원소의 위치

탈륨도 33번 비소처럼 매우 치명적인 독성 원소지만, 살인을 다루는 미스터리 소설에서는 비소보다 훨씬 적게 나와요. 사람들이 탈륨의 독성을 잘 몰랐기 때문이지요. 탈륨에 중독되면 구토, 탈모, 정신 질환, 실명(시력을 잃는 것), 복통 같은 여러 가지 증상이 나타나요. 단, 이런 증상은 다른 수백 가지 병에서도 나타나기 때문에 증상만 보고 탈륨 중독인지 바로 확인하기 어렵답니다.

Pb 82

◀ 견습 배관공이 납을 망치질해서 만든 육방형 구조. 배관공이 일하는 곳의 사장은 깊이 감명받았다.

납

납은 밀도가 높아서 작은 공간에 많은 질량을 넣을 수 있기 때문에 총알에 딱 맞는 금속이에요. 2그램 정도의 적은 양이라도 총구에서 발사된다면 사람을 크게 다치게 하거나 죽일 수 있답니다. 80번 수은을 비롯해 앞에서 말한 몇 가지 원소처럼, 납도 독성이 강하고 생태계에 차곡차곡 쌓이기 때문에 현대 환경오염의 주범으로 꼽혀요.

Bi 83

▶ 비스무트에 열을 가하고 식힐 때 저절로 만들어진 커다란 결정. 순도가 높은 비스무트를 천천히 식히면 높이 10센티미터가 넘는 큰 결정이 만들어진다.

미국에서 배탈용 약으로 쓰이는 '펩토-비스몰'의 주성분은 비스무트예요. 약 성분 가운데 57퍼센트를 차지하고 있지요. 사실 비스무트는 독성이 강한 82번 납과 84번 폴로늄 사이에 있기 때문에 약으로 쓰이는 게 이상해요. 하지만 우리가 아는 한 금속 비스무트는 전혀 독성이 없답니다.

비스무트

Po 84

◀ 어둠 속에서 불꽃을 일으킬 수 있도록 안에 방사성 폴로늄을 조금 담은 원자폭탄 모양 장난감 반지. 인기 만화 시리즈의 정의로운 주인공인 '론 레인저'가 끼고 다니는 반지를 재현한 장난감이다. 사진 속 물건은 1947년에 만들어졌다. 당시 원자폭탄에 대한 생각이 지금과 얼마나 달랐는지를 알 수 있다.

원소의 위치

폴로늄

마리 퀴리와 피에르 퀴리가 발견한 폴로늄은 마리의 조국 폴란드의 이름을 땄어요. 재미있게도 폴로늄은 정전기 방지솔에 쓰인답니다. 레코드판과 필름원판에 정전기 때문에 앉은 먼지를 닦아낼 때 폴로늄 솔을 사용했어요. 아, 잠깐! 이제 아무도 레코드판이나 필름원판을 쓰지 않죠? 이것도 역사 속으로 사라졌다고 봐야겠네요.

At 85

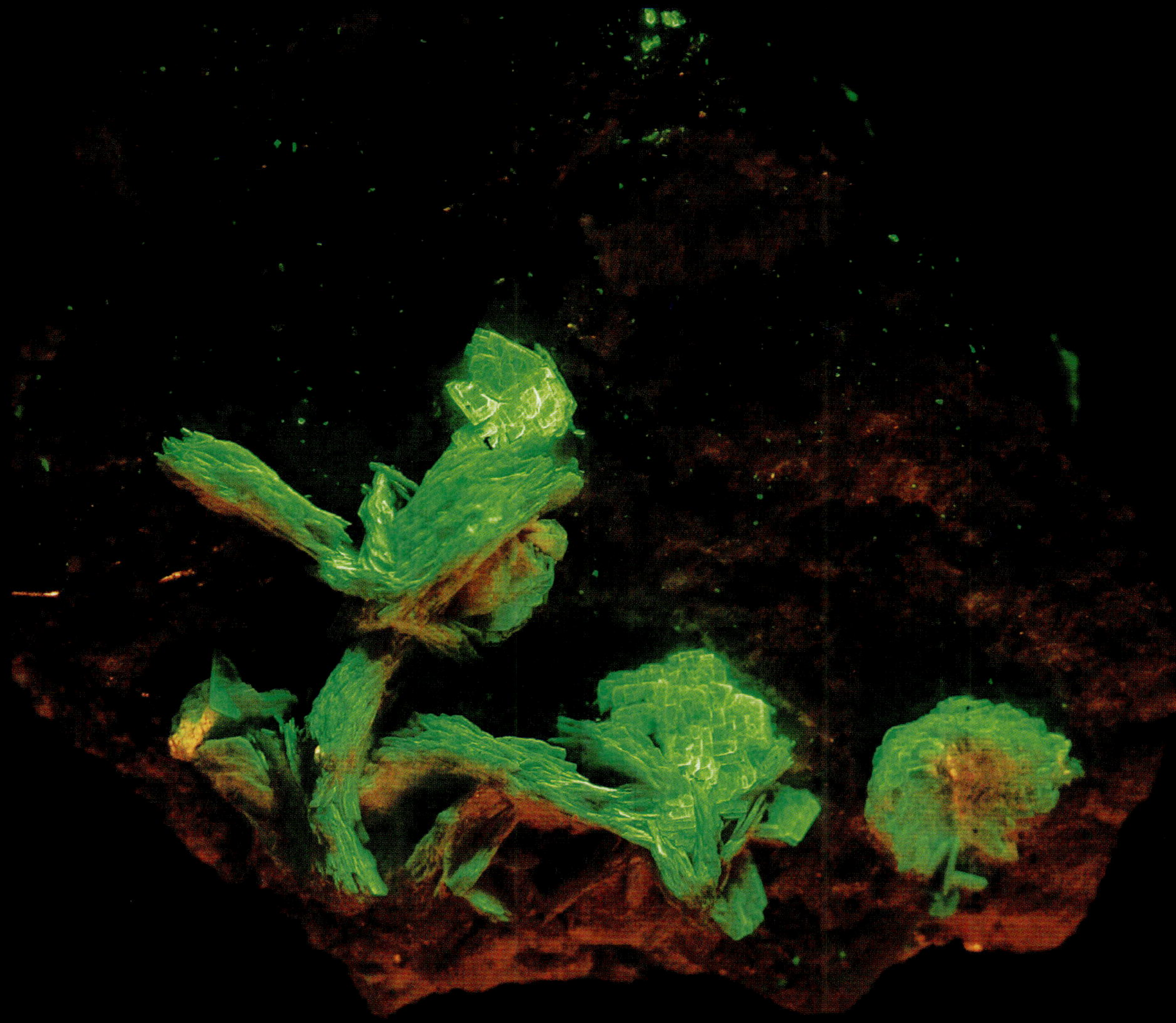

▶ 인회 우라늄 광석이라고 하는 이 아름다운 형광 우라늄 광석은 시간에 따라 아스타틴 원자를 포함할 수도 있고 안 할 수도 있다.

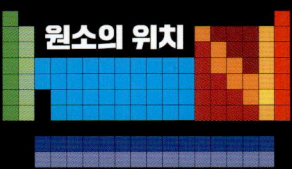

아스타틴은 저 같은 원소 수집가들에게는 정말 당혹스러운 친구예요. 이 원소는 반감기(방사성 붕괴로 물질의 양이 처음의 반으로 줄어드는 데 걸리는 시간)가 고작 8.3시간이거든요. 아스타틴이 자연적으로 발생한다 해도 오랫동안 남아 있을 수 없다는 이야기지요. 짧은 반감기에도 불구하고 아스타틴은 방사선 암 치료용으로 연구되고 있답니다.

아스타틴

Rn 86

◀ 라돈을 만들어 내는 공 모양의 화강암. 라돈은 화강암에 들어 있는 우라늄과 토륨이 붕괴할 때 발생하는 원소다. 세계 각 도시의 오래된 화강암 건물이 방사능으로 유명한 이유다.

라돈

라돈은 반감기가 3.2일인 무거운 방사성 기체예요. 반감기는 짧아도, 화강암에 상당히 많이 들어 있는 92번 우라늄과 90번 토륨이 붕괴할 때 생겨나기 때문에 우리 주위에 아주 많은 양이 있답니다. 주변에서 보기 쉬운 화강암 건물은 사실 상당히 많은 방사선을 내뿜어요. 그래서 화강암으로 지어진 미국 뉴욕 그랜드 센트럴역은 방사능으로 유명하답니다.

Fr 87

▶ 사진 속 토라이트(토르석)를 자세히 들여다보면 프랑슘 원자가 보일지도 모른다.

원소의 위치

프랑슘은 자연에서 발생하는 원소 가운데 가장 불안정해요. 자연에서 발견한 마지막 원소기도 하지요. 이름을 보면 쉽게 알 수 있듯이 프랑스에서 처음 발견되었어요. 반감기가 겨우 22분밖에 안 되기 때문에 상업적으로 쓸 수 없답니다.

프랑슘

Ra 88

◀ 방사능이 가득한 라듐으로 정성스럽게 칠한 손목시계 눈금판. 이 시계 때문에 근대 노동 안전법이 만들어졌다.

원소의 위치

라듐

라듐은 1900년대 초까지만 해도 모든 사람이 자신이 만드는 상품에 집어넣고 싶어했던 아주 멋진 원소였어요. 가장 유명한 쓰임새는 야광 손목시계 바늘이었지요. 여성 노동자들은 작은 붓을 혀로 핥아 끝을 가늘게 한 뒤, 시곗바늘에 라듐 페인트를 하나하나 직접 발랐어요. 이 페인트가 방사능 덩어리라는 것을 생각하면 아주 위험한 일이었지요. 이 일을 하던 여성들이 라듐과 관련한 질병에 걸리거나 죽으면서, 공장 노동자의 안전에 관한 조치와 법률이 생겨났답니다.

Ac 89

▶ 이탈리아 트레크로치에 있는 비코 화산에서 나온 바이카나이트. 지금 당장은 악티늄이 전혀 없지만, 이따금 한두 개의 원자가 생겨날 수도 있다.

악티늄은 주기율표 가장 아래쪽에 있는 악티늄족 희토류 가운데 첫 번째 원소예요. 악티늄은 방사능이 너무 강해서 발광 스크린(방사능이 약한 원소의 빛을 보기 위해 필요한 물건) 없이도 스스로 빛을 낸답니다. 악티늄을 활용하기 위해 실험한 경우는 있지만, 실제로는 거의 쓰이지 않아요.

악티늄

Th 90

◀ 순수한 토륨 금속 조각

원소의 위치

토륨

지각에 있는 토륨의 양은 50번 주석보다 3배나 많아요. 게다가 화학적으로 쓰임새도 많답니다. 그래서 토륨에 방사능이 있는 데도 사람들은 몇 년 동안 토륨을 이용해 왔지요. 예를 들어 가스불로 달구면 밝게 빛나는 산화토륨은 얼마 전까지 캠핑용 손전등에 쓰였답니다.

Pa 91

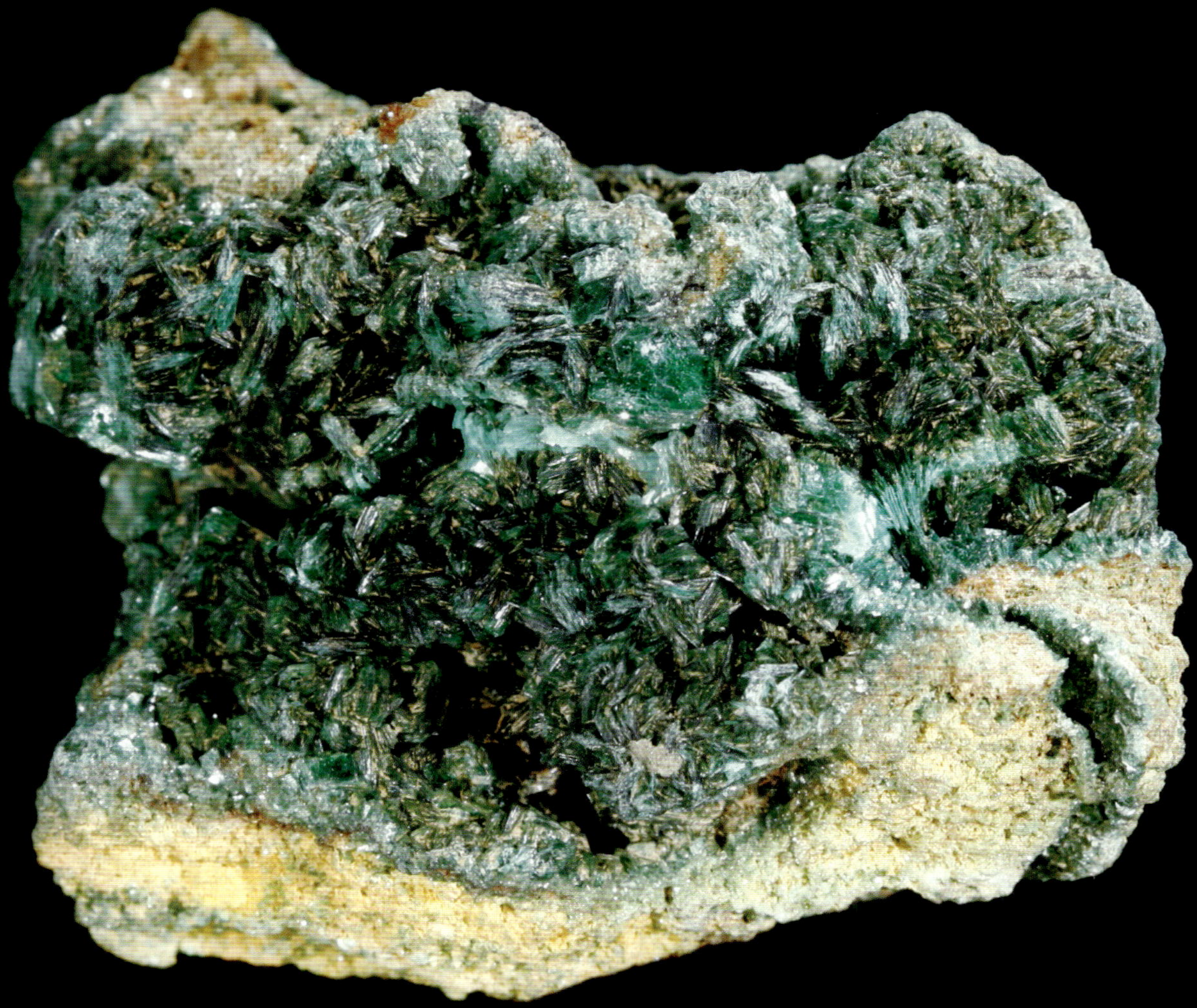

▶ 도저히 구할 수 없는 프로트악티늄을 대신하기 위해 초록색 토버나이트를 가져왔다. 진짜 프로트악티늄을 얻거나 사진 찍을 수 있는 방법은 없지만, 이 암석에 프로트악티늄 원자가 몇 개 있을 수 있다.

프로트악티늄도 원소 수집가를 당황하게 하는 녀석이에요. 이 원소의 반감기는 3만 2,788년으로 엄청나게 길어요. 위험한 방사능 덩어리는 멋진 납 상자 안에서 모습을 뽐내기에 최고죠. 하지만 연구 목적 외에는 전혀 실용적이지 않기 때문에 중고 거래 사이트나 원소 판매 상점에서 찾아볼 수 없답니다.

U 92

◀ 미국에서는 개인도 우라늄 덩어리를 7킬로그램까지 살 수 있다. 실제로 몇몇 회사는 원소 수집가에게 판매하기도 한다. 그런 회사에서 산 30그램짜리 우라늄 조각이다.

원소의 위치

우라늄

우라늄에 대해 이야기하려면 최초의 원자폭탄이 우라늄 핵분열 폭탄이라는 사실을 빼놓을 수 없어요. 뉴멕시코 사막 깊숙한 비밀기지에서 만들어진 우라늄 원자폭탄은 1945년 일본 히로시마에 떨어졌지요. 우라늄은 또한 몇 년 동안 오지그릇(표면이 반들반들하고 매끈한 옹기_옮긴이 주)의 오렌지색을 내는 데 쓰여 왔어요. 방사능과 금속 자체의 독성 때문에 아주 위험하지만, 사람들은 여전히 이 그릇을 쓰고 있답니다.

Np 93

▶ 노르웨이 이베란드의 몰란드에서 발견된 아세키나이트. 사실 아세키나이트에는 넵투늄이 없다. 그러나 이것은 방사능 물질이며 이 물질에서 넵투늄을 얻을 수 있을지도 모른다.

넵투늄

넵투늄은 최초의 초 우라늄 원소예요. 초 우라늄 원소는 주기율표에서 우라늄 다음에 있는 원소를 말하지요. 1940년, 미국 캘리포니아 대학교 버클리 캠퍼스의 교수가 넵투늄을 발견했어요. 보통은 우라늄이 자연에서 찾을 수 있는 마지막 원소로 알려져 있어요. 하지만 과학자들은 우라늄이 붕괴할 때 아주 적은 양의 넵투늄도 우라늄이 포함된 금속 속에 생겨난다고 믿어요.

Pu 94

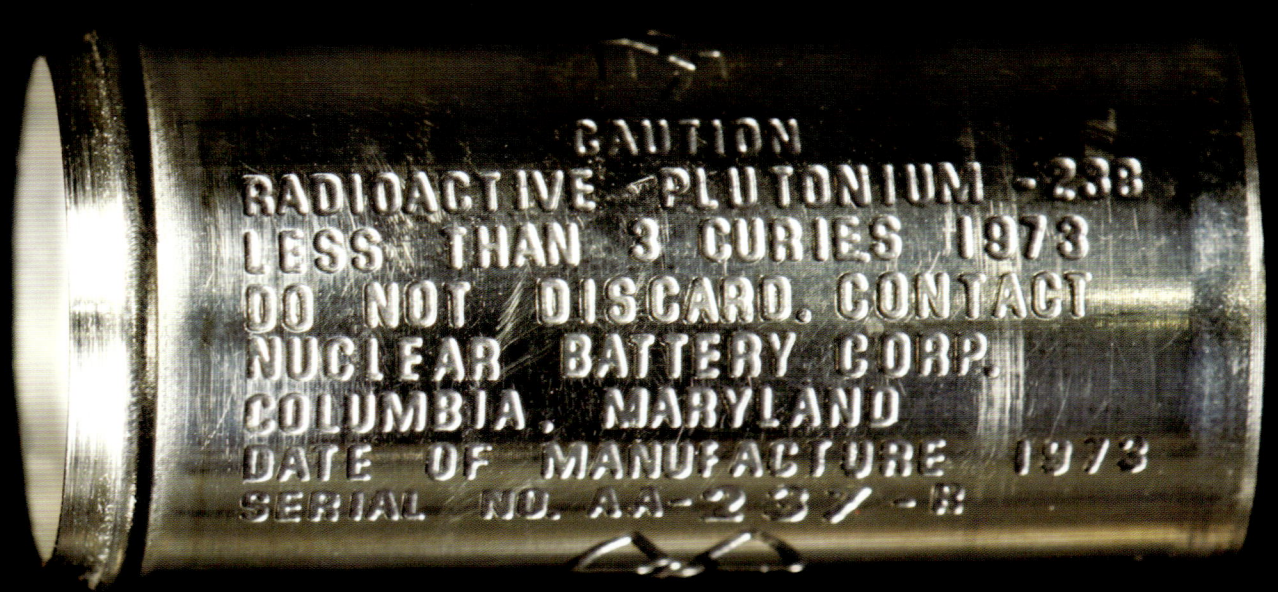

◀ 사진 속의 플루토늄 심장박동 조절기(페이스메이커) 전지 통은 비어 있다. 만약 이 통이 가득 차 있다면 몸 밖 어느 곳에 두든지 그 자체로 범죄가 될 것이다.

원소의 위치

플루토늄

플루토늄은 가장 독성이 강한 원소로 불리는 경우가 많아요. 개인이 플루토늄을 갖는 행동은 법적으로 금지되어 있지요. 오늘날 페이스메이커에는 리튬전지를 사용하지만 몇몇 사람은 - 몇 명인지는 정확히 밝혀지지 않았어요 - 여전히 플루토늄 열전기 전지를 쓰고 있어요. 이 사람들이 죽으면 플루토늄을 사랑하는 로스앨러모스 국립실험실이 페이스메이커를 가져갈 거랍니다.

Am 95

▶ 흔히 쓰이는 이온화 연기 탐지기 내의 방사성 아메리슘 버튼. 금박 아래에 0.9마이크로퀴리(100만 분의 1퀴리)의 아메리슘 원소가 있다. 퀴리는 방사능 강도를 나타내는 단위로 마이크로퀴리는 엄청나게 적은 양이다.

원소의 위치

아메리슘은 94번 플루토늄보다 방사능이 강하지만 독성은 적어요. 하지만 어떤 공구상이나 마트에서도 쉽게 구할 수 있답니다. 거의 모든 연기 탐지기에 아주 적은 양의 아메리슘이 들어 있거든요. 다행히 방사능이 탐지기에서 새어 나오지는 않으니 걱정 마세요. 아메리슘은 비싼 특별 허가증 없이 개인이 합법적으로 가질 수 있는 마지막 원소랍니다.

아메리슘

Cm 96

◀ 위대한 과학자 마리 퀴리. 퀴륨은 마리 퀴리의 이름을 땄다.

퀴륨

이상하지만 퀴륨은 마리 퀴리와 피에르 퀴리가 발견한 원소가 아니에요. 둘은 84번 폴로늄과 88번 라듐을 발견했을 뿐이지요. 사실 사람의 이름을 딴 원소 가운데 그 사람들이 직접 발견한 원소는 단 하나도 없어요. 퀴륨은 캘리포니아 대학교 버클리 캠퍼스의 글렌 시어도어 시보그, 랠프 아서 제임스, 앨버트 기오소가 발견했답니다.

Bk 97

▶ 캘리포니아 대학교 버클리 캠퍼스의 인장. 글렌 시어도어 시보그는 이 학교에서 버클륨을 비롯해 많은 원소를 발견했다.

버클륨은 여러 동위원소가 있는데, 그중 하나는 반감기가 1,379년이에요. 버클륨 한 덩어리를 1,379년 동안 놔두어야 그 크기가 반이 되고, 또 1,379년이 지나야 4분의 1로 줄어든다는 이야기지요. 버클륨은 실용적으로 쓰이진 않는답니다.

버클륨

Cf 98

◀ 캘리포니아주의 큰 인장. 캘리포늄은 캘리포니아주의 이름을 땄다.

원소의 위치

캘리포늄

캘리포늄은 세상에서 쓰이고 있는 마지막 원소이자 아주 강력한 중성자 방사체예요. 다시 말해 캘리포늄이 중성자를 뿜어낸다는 이야기지요. 중성자는 어떤 전하도 띠지 않기 때문에 음전하를 띤 전자나 양전하를 띤 양성자의 힘에 밀려나지 않아요. 캘리포늄 중성자는 쉽게 고체를 통과하며 그 물질을 방사성 물질로 바꿀 수 있답니다.

Es 99

▶ 알베르트 아인슈타인은 전 시대에 걸쳐서 가장 유명한 과학자다. 그의 이름을 딴 원소가 있는 것은 당연하다.

자신의 이름을 원소에 남기는 일은 쉽지 않아요. 노벨상을 타는 것조차 이와 비교하면 그렇게 큰일이 아닐 정도지요. 노벨상 수상자는 800명이 넘는 데다 해마다 늘어나요. 반면 아주 적은 사람만이 원소에 이름을 남겼고, 앞으로도 그럴 거예요. 그중에서도 알베르트 아인슈타인은 누구나 인정할 만한 사람이지요. 가장 유명한 과학자이며 가장 머리가 좋은 사람으로 역사에 영원히 남을 테니까요.

아인슈타이늄

Fm 100

◀ 페르뮴의 이름을 따온 엔리코 페르미

원소의 위치

페르뮴

페르뮴은 세계에서 처음으로 핵 원자로를 만든 과학자 엔리코 페르미의 이름을 딴 원소예요. 물론 페르미의 삶이나 업적 가운데 어느 것도 원소 페르뮴과는 관련이 없지만요. 페르뮴은 실용적으로 쓰이지 않는답니다.

101부터 109까지의 원소는 "쓰임새는 없지만 적어도 눈으로 볼 수 있을 만큼 뚜렷한 양이 존재함"부터 "원자 몇 개가 언제 만들어졌는지 정확하게 쓸 수 있음"까지의 원소랍니다. 마지막 원소 마이트너륨은 지금까지 총 24개도 안 되는 원자가 만들어졌을 뿐이지요. 주기율표에서 이 부분에 자리잡은 원자들의 핵은 너무나 크고 다루기 힘들어서 이 책에 몇 줄로 간단하게 정리할 수가 없어요. 101번 멘델레븀의 반감기는 74일로 가장 길지만, 104번 러더포듐은 겨우 19시간밖에 안돼요. 반감기가 가장 짧은 원소는 43분 만에 반으로 줄어드는 109번 마이트너륨이랍니다.

Md 101

초 우라늄 원소는 거의 대부분 노벨상을 수상한 사람의 이름을 땄지만 모두 그렇지는 않아요. 주기율표를 만들고 정리한 드미트리 멘델레예프는 노벨상 수상자가 아니에요. 멘델레예프가 주기율표를 만들었을 때는 아직 노벨상이 없었답니다.

멘델레븀

No 102

노벨상을 만든 알프레드 노벨의 이름을 땄어요. 정작 노벨은 노벨상을 타지 못했지요.

노벨륨

Lr 103

로렌슘은 어니스트 로렌스의 이름을 땄어요. 이후 많은 새로운 원소를 발견하는 데 사용된 기계인 입자가속기를 발명한 사람이랍니다.

로렌슘

Rf 104

러더포듐

어니스트 러더퍼드는 로렌스보다 훨씬 이전에 살았던 과학자예요. 원자에 핵이 있다는 것을 최초로 발견하고 증명한 과학자랍니다.

Db 105

두브늄

사람들은 이 원소에 어떤 이름을 붙일지 오랫동안 의견을 주고받았어요. 마침내 1997년, 두브늄이라는 이름을 붙였지요. 1968년에 이 원소를 처음 발견한 소비에트 핵 합동 연구소가 있는 두브나 마을의 이름을 딴 거예요.

Sg 106

시보귬

미국 핵 화학자 글렌 시어도어 시보그의 이름을 따서 지어졌어요. 시보그는 98번 캘리포늄을 비롯해 94번 플루토늄, 95번 아메리슘, 96번 퀴륨, 97번 버클륨, 99번 아인슈타이늄, 100번 페르뮴, 101번 멘델레븀, 102번 노벨륨을 찾아낸 사람들 중 한 명이에요. 심지어 시보귬 발견자기도 하답니다.

Bh 107

닐스 보어는 원자 안에 무엇이 있는지 밝혀낸 업적으로 1922년 노벨 물리학상을 받았어요. 이 원자 모형은 지금도 보어 모델이라고 부른답니다.

보륨

Hs 108

하슘이라는 이름은 이 원소가 발견된 독일 헤세주에서 따온 거예요. 독일의 캘리포늄인 셈이지요.

하슘

Mt 109

리제 마이트너는 단지 여성이라는 이유만으로 노벨상을 수상하지 못했지만 최후의 승자였어요. 많은 사람이 핵분열 발견으로 1944년 노벨 물리학상을 받은 오토 한과 함께 마이트너도 노벨상을 받아야 했다고 생각했지요. 하지만 자신의 이름을 딴 원소를 갖는 영광에 비교하면 노벨상은 아무것도 아니랍니다.

마이트너륨

이제 발견되긴 했지만 실제로 존재하지는 않는 원소들을 소개할게요. 이 다음부터 소개하는 각각의 원소는 지구상에 원자 하나조차 있지 않아요. 누군가 중이온 가속기를 가동시켜 원자들을 순간적으로 만들어 내지 않는다면 말이지요.

Ds 110

다름슈타듐은 중이온 연구소가 있는 독일 다름슈타트시의 이름을 땄어요.

다름슈타듐

Rg 111

빌헬름 콘라트 뢴트겐은 엑스선을 발견했어요. 하지만 재미있게도 뢴트겐의 이름을 딴 뢴트게늄은 붕괴할 때 엑스선을 내뿜지 않는답니다.

뢴트게늄

Cn 112

코페르니슘은 화학이나 핵물리학과는 관계없는 사람의 이름을 딴 유일한 원소예요. 그런 점에서는 102번 노벨륨과 비슷하지요. 코페르니슘에 이름이 남은 니콜라우스 코페르니쿠스는 지구가 태양 주위를 돈다는 지동설을 처음 주장한 위대한 천문학자랍니다.

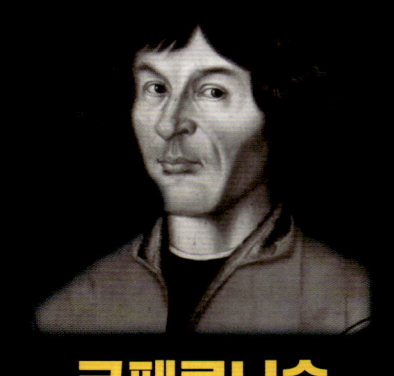

코페르니슘

Fl 114

플레로븀

플레로븀은 1998년 러시아 두브나의 소비에트 핵 합동 연구소에서 발견되었어요. 2012년 5월까지는 우눈쿼듐으로 알려졌지요. 플레로븀이라는 이름은 연구소의 창립자 게오르기 플레로프의 이름을 딴 거랍니다.

Lv 116

리버모륨

리버모륨은 로렌스 리버모어 국립연구소의 리버모어를 따서 지어진 이름이에요. 그리고 이 연구소의 이름은 로버트 리버모어의 이름을 딴 거지요. 이름의 유래로 보면 리버모어는 흔한 경우가 아니에요. 로버트 리버모어는 과학자가 아니라 목장 주인이거든요. 사람들은 리버모어의 땅에 실험실을 세우고 그 실험실에 리버모어의 이름을 붙였어요. 나중에 이 실험실의 이름을 딴 원소가 나타났지요. 재미있고 기이한 이름 짓기 역사랍니다.

2016년 12월, 여러 나라가 모여 그때까지 아직 정식 이름이 없었던 마지막 원소 네 개의 이름을 공식적으로 발표했어요. 113번 니호늄은 일본을 부르는 일본식 발음인 '니혼'에서 따왔고, 115번 모스코븀은 모스크바의 이름에서 유래했어요. 117번 테네신은 미국 테네시주, 118번 오가네손은 과학자 유리 오가네선의 이름을 따서 지었지요. 오가네손은 살아 있는 사람의 이름을 딴 두 번째 원소랍니다. 이날 이후, 표준 원소 주기율표에 있는 118개의 원소 모두가 영원한 이름을 갖게 되었어요! 인류가 해냈어요, 우와! 우리가 이 책에서 본 주기율표가 다시 바뀔 일은 더 이상 없을 거예요. 물론, 원소의 원자번호가 118번에서 멈출 이유는 없어요. 단지 지금 쓰고 있는 표준 주기율표 배열에 딱 맞는 마지막 원소가 118번일 뿐이지요. 지금까지 이보다 더 높은 원자번호를 가진 원소가 발견되지 않았기 때문에 새로운 줄을 더하지 않아도 된답니다. 아직까지는요.

Nh 113	Mc 115
니호늄	모스코븀
Ts 117	Og 118
테네신	오가네손

원소 수집은 즐거워요

전 2002년부터 원소를 수집하기 시작했어요. 그땐 30년쯤 걸릴 거라고 생각했지요. 중고 거래 사이트인 '이베이', 그리고 저의 엄청난 노력 덕분에 2009년에는 모든 원소를 대표하는 2,300개의 물건을 모을 수 있었답니다. 물리 법칙이나 인간의 법을 어기지 않고 모은 물건이죠. 우리를 위해 제 소중한 수집품 가운데 몇 가지를 이 책에 실었답니다.

스웨덴 그룹인 '아바(ABBA)'의 노래를 인용한다면 "얼마나 즐겁고 멋진 세상이며 황홀한 행운인가요!" 뭐, 세계적인 팝스타가 되는 것이 원소 수집가의 삶보다 더 재미있을지도 모르겠어요. 하지만 각각의 삶은 각각의 의미가 있는 법이니까요.

생각하지도 않았던 장소에서 말도 안 되는 원소를 발견하면 너무 즐거워요. 아주 순수한 니오븀을 아주 더럽고 지저분한 피어싱 가게 - 가게를 나온 뒤 온몸을 소독하고 싶어지는 곳이었어요 - 에서 찾을 거라고 누가 생각했겠어요? 또는 마그네슘이 불이 잘 붙는 금속이라는 사실을 보여 주는 것 외에는 아무짝에도 쓸모가 없는 단순한 직육면체 마그네슘 덩어리를 월마트(미국의 대중적인 마트 체인_옮긴이 주)에서 살 수 있을 거라고 누가 생각했겠냐고요. (참, 이 덩어리는 월마트 캠핑 코너에 있어요. 사냥용 칼로 조금 떼어 내서 부착된 부싯돌로 불을 붙일 수도 있고 캠프파이어도 가능하답니다.)

몇몇 원소는 아주 많은 양을 한꺼번에 구할 수 있어요. 전 60킬로그램이 넘는 철 공을 제 사무실에 두었어요. 사람들이 공에 걸려 넘어지게 만들려구요. 책임감을 갖고 스스로를 다독이며 더 많이 갖고 싶은 욕심을 꾹 참아야 하는 경우도 있어요. 제가 엄청난 양의 우라늄을 사무실에 두면 오가는 사람들이 질문하기 시작할 테니까요. (7킬로그램 이상 갖고 있으면 경찰에서 찾아와 제게 질문을 퍼붓겠죠.)

원소 수집은 대단한 취미가 아니에요. 화합물(광물)이나 고분자 화합물(인형), 동전 같은 금속을 모으는 사람들과 비교하면 원소 마니아는 매우 드물어요. 그 이유 중 하나는 수집물을 안전하게 보관하기 위해서는 화학 지식이 아주 많이 필요하다는 점이지요. 소듐+축축한 지하실=퍼어어엉! 하지만 특별한 원소 친구들의 재미있는 특징을 모두 배울 자세가 되어 있다면 원소 수집은 아주 놀라운 경험이 될 수 있어요. 저의 원소 수집품을 소개하는 홈페이지 periodictable.com에서 다시 만나요. 분명 재미있을 거예요!

원소 수집품 속에 앉아 있는 지은이. 주기율표가 그려진 나무 탁자 위에 지은이가 모은 원소 가운데 몇 개만 올려 두었다.

교과 연계

초등3-1 과학 물질의 성질

초등3-1 과학 자석의 이용

초등3-2 과학 물질의 상태

초등3-2 과학 소리의 성질

초등4-1 과학 지층과 화석

초등4-2 과학 화산과 지진

초등5-1 과학 온도와 열

초등5-1 과학 태양계와 별

초등5-1 과학 용해와 용액

초등5-2 과학 물체의 운동

초등5-2 과학 산과 염기

초등6-1 과학 여러 가지 기체

초등6-1 과학 빛과 렌즈

초등6-2 과학 전기의 이용

초등6-2 과학 연소와 소화

중1 과학 Ⅰ 지권의 변화

중1 과학 Ⅱ 여러 가지 힘

중1 과학 Ⅴ 물질의 상태 변화

중1 과학 Ⅵ 빛과 파동

중2 과학 Ⅰ 물질의 구성

중2 과학 Ⅱ 전기와 자기

중2 과학 Ⅲ 태양계

중2 과학 Ⅵ 물질의 특성

중2 과학 Ⅷ 열과 우리 생활

중3 과학 Ⅰ 화학 반응의 규칙과 에너지 변화

중3 과학 Ⅲ 운동과 에너지

중3 과학 Ⅵ 에너지 전환과 보존

초등학생이 꼭 알아야 할
세상의 모든 원소 118

초판 1쇄 2021년 4월 20일

지은이 시어도어 그레이
사진 닉 만
옮긴이 하정임

펴낸이 김한청
기획·편집 김은영
마케팅 최지애 설채린 권희
디자인 이성아 김미현
경영전략 최원준

펴낸곳 도서출판 다른
출판등록 2004년 9월 2일 제2013-000194호
주소 서울시 마포구 동교로27길 3-12 N빌딩 2층
전화 02-3143-6478 팩스 02-3143-6479 이메일 khc15968@hanmail.net
블로그 blog.naver.com/darun_pub 페이스북 /darunpublishers

ISBN 979-11-5633-390-6 73430

* 잘못된 책은 구입하신 곳에서 바꿔 드립니다.
* 이 책은 저작권법에 의해 보호를 받는 저작물이므로, 서면을 통한 출판권자의 허락 없이
  내용의 전부 혹은 일부를 사용할 수 없습니다.

 어린이제품 안전특별법에 의한 기타 표시사항
제품명 도서 | **제조자명** 도서출판 다른 | **주소** 서울시 마포구 동교로27길 3-12, 2층
제조년월 2021년 4월 20일 | **제조국** 대한민국 | **사용연령** 8세 이상 어린이 제품
주의사항 책 모서리로 인한 찍힘 또는 종이에 의한 베임에 주의하세요.